本书获北京第二外国语学院 2022 年度学术专著出版经费资助

WTO 框架下研发支持政策研究

贾瑞哲 ◎ 著

国际服务贸易与文化贸易研究学术文库

Research on R&D
Supporting
Policy under the
Framework of WTO

社会科学文献出版社
SOCIAL SCIENCES ACADEMIC PRESS (CHINA)

序

　　伴随着新一轮科技革命和产业变革，大国之间的科技博弈愈演愈烈，各经济体的研发支持政策亦层出不穷。这些研发支持政策是政府应对私人部门研发投入不足的重要手段之一，其出发点在于矫正市场失灵。然而，过度的资助与支持可能会矫枉过正，导致贸易伙伴的利益受损，即产生了《SCM 协定》中所谓的"不利影响"。因此，无论是在 WTO 历次谈判回合中还是在新一轮 WTO 改革进程中，研发支持政策一直都是重要且极具争议的问题。

　　从政策制定和实施的角度看，WTO 成员并没有因不可诉补贴规则的失效而停止支持研发活动。近年来，美国、欧盟、日本、英国等发达经济体不断出台新政，助推关键技术领域的创新突破。作为最大发展中成员的中国，同样实施了诸多研发支持政策。航空航天、飞机制造、能源燃料、生物医药等都是主要成员重点关注和支持的行业领域。虽然支持政策被广泛用于促进研发活动，研发支持政策也成为一国政府的常见手段，但该类政策因"矫枉过正"带来的负面效应同样不容忽视。正如我们看到的美国波音案和欧洲空客案，美国和欧盟两大成员针对大飞机制造领域在 WTO 打了十余年官司，起因即为美国向波音公司、欧盟及欧洲四国（英国、法国、德国、西班牙）向空客公司提供了大量资助和补贴，以帮助企业攻克技术难关、助力新产品研发。从多边贸易体制的角度看，WTO 曾通过不可诉补贴规则为研发支持政策保驾护航。尽管根据该规则只有部分研发支持政策能直接被豁免，但这一规则仍具有历史意义。它是乌拉圭回合谈判中补贴规则谈判的重要成果之一，同时为各成员支持技术研发和创新活动的产业政策提供了合规的理由。遗憾的是，不可诉补贴规则仅在 WTO 成立后的五年内有效，此后所有的研发支持政策都受到可诉补贴规则的约束。对于任何一项研发支持政策的合规性问题，我们均需要根据补贴的定义、专向性、不利影响等相关规则来判定。可见，研发支持政策的相关研究涉及经济学、法学、政治学等多学科的研究方法，其在国际规则层面的合规性和经济层面的合理性更加值得关注和探讨。

如今，多边贸易体制面临着前所未有的挑战，WTO 新一轮改革正在如火如荼地进行中，关于补贴规则的改革和讨论重新被提及。要不要恢复不可诉的研发补贴规则、什么样的研发支持政策能够被豁免、各成员如何出台既合规又有效的研发支持政策，这些都成为该研究主题下的关键所在。2022 年，MC12 达成的补贴规则谈判成果举世瞩目，为 WTO 未来重新焕发活力提供了一次喘息之机，更加提振了成员们对多边贸易体制的信心与期待。在此背景下，该书基于交叉学科视角，探讨了 WTO 框架下主要成员实施研发支持政策的合规性与有效性问题、回顾了多边贸易体制相关规则的形成与演进、研究了当下研发支持政策的实践与效应、展望了 WTO 改革进程中研发支持政策的制定与实施。这些将对中国制定相关战略与政策、研判多边贸易规则的走向与趋势、深度参与全球经贸治理有所助益。

　　该书作者在对外经济贸易大学中国世界贸易组织研究院获得博士学位，师从我院 WTO 法专家杨荣珍教授，毕业后前往北京第二外国语学院任教，一直坚持从事 WTO 相关的研究和教学工作。同时，该书以作者的博士学位论文为雏形，我见证了作者从开题到书稿完成的全过程，再读此书时亦受启发。我为越来越多的年轻学者关注 WTO 相关议题、深入到多边贸易规则与全球治理的研究中来而感到欣喜，也对作者完成此书表示祝贺，特为之序。

对外经济贸易大学中国世界贸易组织研究院院长

屠新泉

摘　要

创新是一国经济增长的源泉，支持研发活动成为政府鼓励创新的重点，各国纷纷对研发活动进行资助。事实上，研发支持政策作为一种政府补贴手段，兼具矫正市场失灵和扭曲国际贸易的双重作用。因此，多边贸易体制应当对研发支持政策加以约束，同时保障各国政府在贸易政策方面的自由裁量空间。近年来，各国越来越重视对研发活动的支持，研发支持政策成为世界贸易组织（World Trade Organization，WTO）主要成员支持科学研究、技术创新所普遍采取的手段。研发支持政策在多边贸易体制下的合规性与在实践中的合理性问题值得探讨。

首先，在多边贸易体制下，研发支持政策主要受到《补贴与反补贴措施协定》（*Agreement on Subsidies and Countervailing Measures*）（下文简称《SCM 协定》）的规制。由于研发支持政策本质上归属于具有外溢效应的研发补贴政策，WTO 在成立之初便将此类补贴视为不可诉的，但其合法性仅持续了 5 年。WTO 不可诉的研发补贴规则制定的缘由、演进与发展历程及到期失效的原因值得探讨。研发补贴作为一种不可诉补贴的探讨集中在 GATT 时期乌拉圭回合谈判阶段。虽然各成员最终认同将补贴分为禁止性补贴、可诉补贴与不可诉补贴，也将研发支持政策纳入了不可诉补贴清单，但成员之间的分歧仍然存在。这一历史问题的影响延续至多哈回合谈判前的预备时段，最终有关不可诉补贴规则的磋商中断，研发支持政策甚至不可诉补贴未成为多哈回合谈判的主要议题，WTO 框架下与研发支持相关的规则也成为失去法律效力的"僵尸条款"。该条款的失效不是因为规则本身的不合理性，而是因为诸多历史性、政治性及谈判性因素。在新一轮 WTO 改革建议中，不可诉补贴的适用性问题又被重新提及。事实上，旷日持久的美国波音案和欧洲空客案的争议焦点即为美欧国家针对大飞机制造行业和企业实施的研发支持政策，它们同时也是 WTO 框架下涉及研发支持政策最多的两个案例。鉴于 WTO 规则的"准判例法"的性质，本研究对这两个案件进行了深入研究，通过分析申诉方与被诉方对有关研发支持政策的争议点的抗辩及专家组与上诉机构做出的裁决，进一步剖析具体研发支持政策与 WTO 规则的一致性问题，并从案例中得到启示。

基于上述研究，本研究以 WTO 成立以来的通报文件为基础来分析 WTO 主要成员研发支持政策的实践情况。一方面，包括美国、欧盟及英国①、法国、德国、西班牙在内的 WTO 主要成员都十分重视研发活动，通过拨款、税收等主要的财政手段和少量的金融工具方式进行了大量的国内研发资助。同时，

---

① 英国虽然在 2020 年脱欧，但在本书研究的 WTO 补贴通报中英国仍属欧盟一员，美国针对欧盟及其成员的案例也将英国涵盖在内。

发达成员在政策目标、实施主体、资助手段等制定方面具有策略性。可见，这些研发支持政策并不完全符合 WTO 规则，与多边贸易规则存在一定的冲突性。另一方面，中国也重视研发支持政策，虽然通报次数少于其他发达成员，但是研发支持政策数量较多，研发支持力度逐年加大，也在一定程度上引导着产业发展的方向。从中国的研发支持政策体系来看，研发计划和研发税收政策的占比较大、争议较多，存在潜在被诉的可能性也较大；研发规划作为政策体系的顶层设计，虽然没有具体的支持措施，但比较容易成为争端中的不利证据。

其次，在 WTO 框架下，研发支持政策的贸易效应值得关注。研发支持政策具有经济上的合理性，它能够促进技术进步、提高生产率，从而促进出口。本研究利用全球贸易预警（Global Trade Alert，GTA）数据库，建立动态非平衡面板数据，对研发支持政策的贸易效应进行实证分析。研究发现，研发支持政策具有一定的贸易效应，既可以扩大出口，又能够抑制进口，总体上可以改善一国的贸易状况。研发支持政策在长期和短期都具有促进出口的作用，而抑制进口的作用只在短期体现。间接性研发支持政策的出口效应更加明显，而直接性研发支持政策的出口促进作用不显著。但从整体上看，研发支持政策的贸易效应较小，并不能大幅度地增加出口，产生重大贸易影响。正是因为研发支持政策的有限的正向效应，才导致该类政策的广泛使用。

但是，研发支持政策对贸易的影响十分有限，其属于可诉补贴的范畴，并不属于《SCM 协定》直接规定的禁止性补贴。如果多边贸易规则不能进行有效约束，则会导致各成员对政策的滥用。《SCM 协定》直接与研发支持政策相关的规则已经到期失效，而研发支持政策的普遍性和争议性都对 WTO 提出了更高要求。当前，主要成员针对 WTO 改革发表了声明、提交了建议，补贴规则改革势在必行。但是，发达成员和发展中成员对规制研发支持政策的补贴规则的分歧依然存在，不同经济体之间政治、经济、贸易、技术、法律的鸿沟难以逾越。在此背景下，各国应坚持多边主义，积极维护研发支持政策的国际规则框架。本研究认为，WTO 可以考虑重新将研发支持政策纳入不可诉补贴清单，同时考虑发展中成员的公平待遇问题；各成员要推动建立有效的研发支持政策的通报制度。在政策制定方面，各国应摒弃禁止性的研发资助措施，加大对基础研究的财政支持力度，还要在合规的前提下实施有效的研发支持政策。中国应维护多边贸易体制，积极参与新一轮规则的谈判和制定，提出有效合理的建议和主张；对内则需要完善研发支持政策体系的合规性审查制度，注重研发支持政策制定的策略和技巧；还要正确对待与研发支持政策相关的贸易争端，提前做好应诉准备，建立政策研究和争议储备两大数据库，知己知彼，掌握主动权。

关键词：研发支持政策；WTO；《SCM 协定》；不可诉补贴

Abstract

Innovation is the source of a country's economic growth. Supporting R&D activities has become the focus of the government to encourage innovation, and countries have subsidized R&D. In fact, R&D supporting policy is also classified as a government subsidy, which has the dual function of correcting market failure and distorting international trade. Therefore, the multilateral trading system should restrict R&D supporting policies, and at the same time guarantee the discretion of governments in trade policies. In recent years, countries have paid more and more attention to the support of R&D activities, and the R&D supporting policy have become kind of common means for major members of the World Trade Organization (WTO) to support scientific research and technological innovation. The compliance of R&D subsidy policies under the multilateral trade system and its rationality in practice are worth exploring.

First of all, in the multilateral trade system of WTO, R&D supporting policies are mainly regulated by ASCM. Due to the spillover effect of R&D supporting policies, WTO regards them as Non-actionable Subsidies. However, the legitimacy of such kind of subsidies lasted only five years. The reason why rules established, expired, and its evolution and development, are worth exploring. As a kind of non-actionable subsidies, R&D subsidy was focuses during the Uruguay Round of the GATT. After a wide and profound discussion, members finally agreed with the classification of three categories of subsidies, dividing all subsidies into prohibited subsidy, actionable subsidy and non-actionable subsidy. But differences were still existed. The existence of this historical problem also led to the interruption of negotiations on non-actionable subsidies before the Doha Round. Finally, the rules of WTO R&D Subsidy or even of all non-actionable subsidies had never been discussed again in Doha Round. Consequently, the rules of WTO R&D Subsidy become a "zombie clause" without legal validity. The invalidation of this clause is not caused by the Irrationality of rules rather than many historical, political and negotiating factors. In WTO reform proposals by some members these days, the applicability of non-actionable subsidies has been mentioned again. In view of the quasi precedent nature of WTO dispute settlement, this book studies two cases involving R&D supporting policies. This research further analyzes the consistency between the specific R&D supporting policy and the WTO rules by studying the practice of defense by both complaints and respondents and reports of panel and appellate body. These cases provide reference for the formulation and implementation of R&D

supporting policies and future litigation response.

Based on the above background, this book first describes the practice of R&D supporting policy of main members. On the one hand, as major developed members of the WTO, the United States, the European Union, the United Kingdom, France, Germany, Spain pay more attention on supportive policies of R&D activities. They have carried out a large number of strong domestic R&D supporting policies mainly by financial means such as grants, taxes and few financial instruments. At the same time, their policy objectives, subjects and means of R&D supporting policies are full of strategies. However, these policies are not fully in line with WTO rules, and are also in conflict with multilateral trade rules. On the other hand, China also concentrate on R&D supporting policies. Although the number of notifications is less, the number of policies is large. The intensity of R&D support in China is also increasing year by year, and all these policies are also directions of Industrial development. Chinese R&D supporting policy regime includes R&D plans, programs and tax policies. R&D programs and tax policies are main parts of all subsidies and there is a greater possibility to be a potential focus in future dispute. As the top-level design of the policy regime, R&D plans, including none specific supporting measures, are more likely to become adverse evidence in trade disputes.

Secondly, the trade effect of R&D supporting policy is worthy of attention. It is economically reasonable, which can promote technological progress and productivity, thus promoting exports. This research establishes the dynamic unbalanced panel data of R&D supporting policies based on the Global Trade Alert （GTA） database to make an empirical analysis on their trade effects. Conclusions are as follows. R&D supporting policies have trade effects， which can not only expand exports， but also inhibit imports， and brings improvement welfare. R&D supporting policies can promote exports in the long run and the short run， while the inhibition of imports is only reflected in the short run. The export effect of indirect R&D supporting policy is more obvious， but the export effect of direct R&D subsidy is not significant. However， overall， the trade effect of R&D supporting policies is relatively small， which cannot significantly increase exports or reduce imports， resulting in significant trade impact. Because of the positive effect of R&D supporting policies， the supportive policies of R&D exist.

The limited effect on trade makes R&D supporting policies belong to the category of actionable subsidy rather than the prohibited subsidy according to ASCM. So， if such measures cannot be effectively constrained by WTO， it will lead to abuse of this kind of trade policies. Unfortunately， ASCM rules directly related to R&D subsidies have expired. But in practice， the universality and controversy of R&D supporting policies put forward higher requirements to WTO rules. At present， the main members have issued statements and submitted suggestions on WTO reform， which is imperative. However， there are still differences between developed and developing members on R&D subsidy rules. It is difficult to cross the political， economic, trade, technological and legal gaps between different e-conomies. WTO members should adhere to multilateralism and actively maintain the international regulatory framework of R&D supporting policies. This research indicates that R&D subsidies can be included in the list of non-actionable subsidies and WTO must consider the fair treatment of developing economies. All members should also promote the establishment of an effective notification system of R&D supporting policies. China should, as always, safeguard the multilateral trading system, actively participate in the negotiation and formulation of a new round of R&D subsidy rules, and put forward effective and reasonable suggestions and propositions. China should continue to maintain the multilateral trading system as well as concentrate on the strategy and skills of policymaking. Trade disputes are likely to occur at any time, and China should treat it with a normal mind. We should not only be prepared to respond positively, but also attach importance to the construction of response measures and case databases to master the initiative.

Keywords: R&D Supporting Policy, WTO, ASCM, Non-Actionable Subsidy

目　录

第一章

绪　论

一　问题的提出

创新是一国经济增长的源泉，支持研发活动成为政府鼓励创新的重点，各国纷纷对研发活动进行资助。从 2020 年全球研发支出占各国 GDP 比重的数据来看，OECD 国家达到 2.95%，高收入国家的平均值为 2.97%，美国和欧盟的占比分别为 3.45% 和 2.32%，中国的研发支出也达到本国 GDP 的 2.40%，全球排第 14 位。[①] 事实上，研发支持政策（R&D Supporting Policy）也被划归为一种政府补贴手段，兼具矫正市场失灵和扭曲国际贸易的双重作用。政府对研发活动的支持政策可以矫正市场失灵，但一国的补贴也会使国际贸易产生扭曲。因而，多边贸易体制应当对政府的支持政策加以约束，同时也要

[①]　资料来源：世界银行 WDI 数据库，由作者整理得出。

保障各国政府在贸易政策方面的自由裁量空间。

在 WTO 成立之初，各国对研发活动的支持政策便受到一定的约束。由于研发支持政策具有外溢效应，WTO 将政府对基础研究、大部分产业研究和一部分竞争前开发活动的资助视为不可诉补贴，单独规定在《SCM 协定》第 8.2 款 "不可诉补贴" 框架下。但该补贴的合法性仅持续了 5 年。虽然不可诉补贴条款在 1999 年底到期后被彻底废除，但各成员对于恢复该类政策的可豁免地位仍存有争议。事实上，研发支持政策被各国政府视为重要的政策工具而得到大量应用。在与民用大飞机相关的案例中，研发支持政策的合规性问题备受关注。欧洲四国（英、法、德、西班牙）和美国分别对其波音公司和空客公司实施了各类研发支持政策。当前，无论是发达经济体还是发展中经济体，都在实践中普遍应用此类研发支持政策，对科研活动进行了不同程度的补贴。因此，在乌拉圭回合补贴规则谈判中，美国主张加强补贴纪律、限制不可诉补贴，而当时的欧共体、瑞士、日本等发达经济体与一些发展中经济体成员支持建立不可诉补贴制度。

同时，政府的财政支持通常被视作补贴政策，是世界各国关注的重点议题。截至 2022 年 6 月 30 日，WTO 争端解决机构受理的 612 起争端解决案件中，涉及《SCM 协定》的案例为 134 起，占比超过 1/5。截至 2021 年 12 月 31 日，WTO 成员共提起 651 起反补贴调查。① 由于 WTO 争端解决案例聚焦的均是关键性的焦点问题，在实际的双边磋商中，对补贴与反补贴问题的争

---

① 资料来源：WTO 官网，由作者整理得出。

议更多。当前，各国纷纷呼吁对 WTO 补贴规则进行改革用以规制各成员的财政支持政策。2017～2021 年，美国、欧盟、日本三方多次协商，共同发表了 9 份联合声明，在 WTO 补贴规则改革方面达成共识，主张制定更加强有力的约束产业补贴政策的纪律，并提高通报的透明度。2019 年，中国也向 WTO 提交了补贴规则改革建议，希望能够适当恢复不可诉补贴的地位，并能给予发展中成员公平待遇。

自入世以来，中国的财政支持类的研发支持政策问题已经成为焦点之一。无论是 WTO 层面的争端解决案例，还是双边贸易摩擦中的反补贴调查问题，都在日益增多。在多边层面，涉及中国的补贴与反补贴案例共 24 起，申诉案例 6 起，被诉案例 18 起，占全球补贴与反补贴案例总数的 17.9%。实际上，外国的反补贴调查也是针对中国的补贴政策。在双边贸易摩擦层面，1995～2021 年，WTO 成员对中国进行反补贴调查高达 196 起，占比约为 30%。① 中国已连续十余年成为遭受反补贴调查最多的国家。研发支持政策问题在对华反补贴案例中也十分凸显。美国是对中国进行反补贴调查最多的国家，案例数量超过中国遭受反补贴调查案例总数的一半。在 2006～2019 年美国对华发起的 55 起反补贴调查案例中，美国提到有 45 家公司获得了 124 项研发支持政策，包括国家重点技改基金、科技基金、技术密集型企业所得税优惠、出口研发基金等。② 一些国家还针对中国自主创新产业政策提出了质疑。

---

① 资料来源：WTO 官网，由作者整理得出。
② 资料来源：美国商务部公告资料，由作者整理得出。

欧盟和加拿大提交的 WTO 改革方案中提出了补贴及透明度的问题。美国在单边贸易行动中也对中国的财政支持政策颇为关注，特别是在有关"301 调查"的报告中直指与中国技术驱动相关的产业政策问题。那么，多边贸易体制下的研发支持政策又是怎样界定、分类及实践的？主要经济体实施了何种研发支持政策、其对 WTO 研发补贴规则的态度如何？WTO 有关研发支持政策的规则又将何去何从？在多边贸易体制下，与研发支持政策相关的规则谈判成为各方关注的新焦点。在此背景下，对研发支持政策实践及相关规则的研究便显得尤为重要。

二 研究意义及创新之处

（一）研究意义

1. 理论意义

第一，本研究有助于补充研发支持政策的理论研究，结合经典贸易理论，引入创新理论、新制度经济学理论、法经济学理论、技术差距理论、国际竞争优势理论、战略性贸易政策理论帮助完善研发支持政策的理论研究。

第二，本研究能够帮助完善研发支持政策的规则框架及判例研究。当前对研发支持政策相关案例的研究较少，本研究将重新梳理与《SCM 协定》有关的争端解决案例，整理其中与研发支持政策相关的问题，用以分析各国研发支持政策与

WTO 规则的一致性问题。

第三，本研究丰富了研发支持政策的实证研究。囿于数据的可获得性，罕有学者对研发支持政策对贸易的影响进行实证分析，本研究借鉴了现有的经济学理论，利用 GTA 数据库，建立研发支持政策的动态非平衡面板数据，对研发支持政策的贸易效应进行实证分析。

2. 现实意义

本研究具有指导研发支持政策制定的实践意义，通过全面梳理 WTO 主要成员通报文件中的研发支持政策，分析主要成员实施研发支持政策的特点，并将其与 WTO 规则进行对比，初步判定其适用性和冲突性；再通过对 WTO 争端解决案例的研究，明确主要成员的研发支持政策与 WTO 规则的一致性问题，也为中国在制定产业政策、创新战略等方面提供经验借鉴。

同时，在 WTO 改革大背景下，本研究能够为各成员实施研发支持政策提供政策建议。通过对规则框架、争端案例、政策实践、贸易效应的研究，我们分析了研发支持政策的合规性与合理性，并在多边贸易规则改革的背景下研判主要成员对待研发支持相关规则的态度，这有助于我们研判相关国际规则的未来改革方向，为各国制定和实施新一轮研发支持政策提供政策建议。

（二）创新之处

1. 拓展了研发支持政策的研究视角

本研究将经济学分析和法学分析纳入同一研究框架，既利用规范分析法和实证分析法对研发支持政策的特征与效应进行实证分析，又采用法学的分析方法研究了政策的国际规则框架，探讨研发支持政策的合规性与合理性。在理论层面，本研究在经典贸易理论的基础上，引入了创新理论、新制度经济学理论、法经济学理论、技术差距理论、国际竞争优势理论、战略性贸易政策理论等，借鉴交叉学科的研究方法，不仅对国际规则进行了经济学分析，还对成员政策实践进行了法律分析，形成了政策制定的建议和策略。

2. 研究内容具有新意

一是选取 WTO 框架下的研发支持政策作为研究对象，全面梳理了规则框架与政策实践情况，还对政策的贸易效应进行了实证分析。二是全面研究了与研发支持政策相关的国际规则框架，同时结合复杂的争端解决案例，分析主要成员的政策的合规性。三是研究了自 WTO 成立以来主要成员的研发支持政策实践，分析了各国研发支持政策的总体情况和各自特点，同时进行横向比较，发现中国研发支持政策的缺点与不足，对中国新一轮政策制定和实施形成经验借鉴。四是在 WTO 改革这一新形势下提出政策建议。

3. 使用全新的数据库进行量化分析

由于研发支持政策数据的缺失，罕有学者研究研发支持政策在多边贸易体制下的合理性问题。本研究首次尝试使用全球贸易预警数据库（GTA 数据库），挖掘各国研发支持政策数据，建立动态非平衡面板数据，对研发支持政策的贸易效应进行分析，探究研发支持政策的合理性问题。

三　国内外研究进展

（一）WTO 框架下规制研发支持政策的国际规则研究

在多边贸易体制下，WTO 成员制定和实施的研发支持政策受到补贴规则的约束。然而，现有的规则条款中并没有明确给出研发支持政策的定义，《SCM 协定》第 8.2 款不可诉补贴条款以及与研发补贴相关的例外规定体现了 WTO 规则与研发支持政策的联系。

目前，研究研发支持政策或研发补贴国际规则的学者并不多见，大部分成果是基于《SCM 协定》的不可诉补贴条款展开的，即将研发支持政策作为一类不可诉补贴进行综合研究。因此，想要弄清楚 WTO 规则对研发支持政策的规制，需要重点关注不可诉补贴规则。甘瑛[①]指出，不可诉补贴即"绿箱补贴"，是指各成员在实施过程中不应受其他成员反对或向 WTO 争端解决机构（Dispute Settlement Body，DSB）提起申诉的补贴政策或措施。而在大多数研究中，"绿箱"通常被认定是农业补贴政策的一个专属名词，工业补贴类别下的不可诉补贴更多的被称作"绿灯补贴"。朱庆华[②]、王毅[③]

[①]　甘瑛：《WTO 补贴与反补贴法律与实践研究》，法律出版社，2009。

[②]　朱庆华：《SCM 协议不可诉补贴条款简析》，《世界贸易组织动态与研究》2007 年第 2 期。

[③]　王毅：《可诉与不可诉补贴之间——我国集成电路产品增值税的国民待遇问题》，《国际贸易》2003 年第 9 期。

和洪艳蓉①都根据《SCM 协定》第 8 条"不可诉补贴的确认",对不可诉补贴的实体性、程序性规则进行了详细解释。其中,除了不具有专向性的补贴被认作不可诉补贴外,研发补贴、落后地区补贴以及环境保护补贴也是不可诉的。

事实上,本研究所指的研发支持政策与 WTO 研发补贴政策的内涵是一致的。在《SCM 协定》中,研发补贴被视为一种不可诉补贴,这种豁免是建立在一系列限制条件的基础上的。同时,这些限制条件也构成了 WTO 规则对不可诉的研发补贴政策的界定。从乌拉圭回合谈判协议中可以看出,研发补贴的援助对象为公司、高等教育机构或研究机构与公司签约的研究活动,且援助限额为不超过工业研究成本的 75% 或竞争前开发活动成本的 50%。② 同时,《SCM 协定》第 8.2 款(a)项中还将研发补贴限制为研发活动的 5 个方面。沈大勇和刘佳③对研发补贴的"不可诉"依据进行了更深入的探讨。他们认为《SCM 协定》豁免的是涉及产品研制阶段的研发补贴,不会影响终端销售市场,因而不利影响极低。并且,WTO 对该类补贴的许可程度,会随着研发活动的逐步深入特别是研制的产品开始进入市场进行销售而递减。他们将产品前期投入分为基础研究、产业研究、竞争前开发活动、竞争后开发活动 4 个阶段。他们指出,根据《SCM 协定》对研发补贴的界定,不可

---

① 洪艳蓉:《可持续发展与国家利益的较量——不可诉补贴介评》,《广西大学学报》(哲学社会科学版)1999 年第 3 期。

② 石广生主编《中国加入世界贸易组织知识读本(二):乌拉圭回合多边贸易谈判结果法律文本》,人民日报出版社,2011。

③ 沈大勇、刘佳:《不可诉补贴的国际经济学分析》,《世界经济研究》2008 年第 3 期。

诉的部分应包括 100% 的基础研究、75% 的产业研究和 50% 的竞争前开发活动。

一些学者从不可诉补贴谈判的视角对 WTO 框架下规制研发支持政策的相关规则进行了研究。在乌拉圭回合谈判阶段，各成员主要就"是否设置不可诉补贴规则""研发补贴应如何界定"等焦点问题进行了讨论。美国对研发补贴规则的态度起到了关键作用。最初，美国坚持严格的补贴纪律，即便后来同意将研发补贴设置为"绿箱补贴"，但仍坚持该类补贴不能在反补贴措施中被豁免。Stewart[①] 认为，克林顿上台后，美国的国内支持政策超越了其最先提出的主张，美国反过来希望通过国际规则谈判来将"提高研发补贴的比例、扩大政府资助的范围"合规化，这直接导致美国在不可诉补贴规则上的态度的转变。毛杰[②]指出，在《关税与贸易总协定》（*General Agreement on Tariffs and Trade*）（下文简称 GATT）体制下，各国可以基于合理目标鼓励研发支持政策的实施（特别是针对高科技产业的研发支持政策），但该类政策仍不能被贸易救济豁免。在乌拉圭回合谈判中，日本支持将研发补贴列为不可诉补贴，同时不少发展中国家支持建立不可诉补贴规则。GATT 1994 最终达成了不可诉补贴条款，也将研发补贴作为不可诉补贴之一，但其在实践过程中的作用有限。毛杰[③]分析了研发补贴作为不可诉补贴的产生过程，并指出其具有先天性不足，包括规则本身

---

① Stewart, T. P., ed., *The GATT Uraguay Round: A Negotiating History* (1986 – 1994) (New York City: Kluwer Law and Taxation Publishers, 1993): 232 – 233.
② 毛杰:《WTO 货物贸易多边补贴规则的法律问题研究》，浙江大学出版社，2016。
③ 毛杰:《WTO 货物贸易多边补贴规则的法律问题研究》，浙江大学出版社，2016。

的严苛性、程序的复杂性等。根据《SCM 协定》第 31 条"临时适用"的规定，不可诉补贴应自生效之日起适用 5 年，到期后补贴与反补贴委员会（下文简称 SCM 委员会）将再审议这些规定的执行情况并决定是否延长适用或修改这些规定。Rudiger 等[1]指出，在不可诉补贴规则的 5 年有效期内，SCM 委员会没有收到任何成员方的事先通报。但事实上很多国家采取了不少类似的补贴。欧福永[2]认为发展中国家成员限于财政能力对此类补贴的使用很少。Chang[3] 也阐述了不可诉补贴在 1999 年失效后未被激活的事实。也就是说，研发补贴的可豁免性既没有在有效期内发挥其应有的作用，也未能被 WTO 成员持续采纳。早在 1998 年，SCM 委员会就提出要审议不可诉补贴的条款，但一直缺少阶段性成果。朱庆华[4]梳理了多哈回合谈判前后各成员针对不可诉补贴规则适用性的建议。陶磊[5]总结了《SCM 协定》的缺陷，认为不可诉补贴到期后未能延期适用成为 WTO 补贴规则的一大缺陷，同时分析了美国关于不可诉补贴的提案内容。

与 WTO 研发补贴规则相关的还有多边争端解决案例的研究。Jackson[6] 指出，WTO 案例与 GATT 案例具有本质的不同，

---

① Rudiger, W., Peter-Tobias, S., Michael, K., *WTO-Trade Remedies*（Boston：Martinus Nijhoff Publishers，2008）：467 – 468.

② 欧福永：《欧盟反补贴立法与实践研究》，中国商务出版社，2013。

③ Chang, S. W., "WTO Disciplines on Fisheries Subsidies: A Historic Step towards Sustainability?" *Journal of International Economic Law*，2003，6（4）：879 – 921.

④ 朱庆华：《SCM 协议不可诉补贴条款简析》，《世界贸易组织动态与研究》2007 年第 2 期。

⑤ 陶磊：《多哈回合中美国 ASCM 修改建议研究》，安徽财经大学硕士学位论文，2011。

⑥ Jackson, J. H., "The Case of the World Trade Organization," *International Affairs*，2008，84（3）：437 – 454.

作为"皇冠上的明珠"的 WTO 争端解决机制，在多边贸易体制下发挥着举足轻重的作用。部分学者着重于补贴案例的研究，如朱榄叶①、韩立余②、李成钢③的相关研究，沈大勇和龚柏华④对中国风力设备补贴措施案、徐昕⑤对示范基地补贴措施案进行了全面的剖析。有些学者聚焦中国参与的多边补贴争端案例，如张乃根⑥、杨国华⑦、龚柏华⑧等，都对中国入世后的补贴争端案例进行逐一分析。与本研究相关性较强的是对美国波音案和欧洲空客案中研发支持政策的分析。一些学者对美国和欧盟大飞机支持政策、与大飞机相关的争端案例进行了梳理，如金靖寅⑨、李寿平⑩、廖龙柳⑪、张超汉和刘静⑫等都对民用飞机的研发支持政策进行了详细的阐述和总结，并对比 WTO 补贴规则进行了合规性分析。

---

① 朱榄叶：《政府与企业共同面对——中国面临的补贴与反补贴问题研究》，《国际贸易》2005 年第 4 期；朱榄叶编著《世界贸易组织国际贸易纠纷案例评析（2013—2015）》，法律出版社，2013。
② 韩立余编著《WTO 案例及评析（1995—1999）》，中国人民大学出版社，2001。
③ 李成钢主编《世贸组织规则博弈》，商务印书馆，2011。
④ 沈大勇、龚柏华：《中美清洁能源产业争端的解决路径——中美风能设备补贴争端案的思考》，《世界经济研究》2011 年第 7 期。
⑤ 徐昕：《中美示范基地补贴争端达成谅解事件的启示：我国贸易政策制定应加强合规性审查》，《WTO 经济导刊》2016 年第 5 期。
⑥ 张乃根：《WTO 法与中国涉案争端解决》，上海人民出版社，2013。
⑦ 杨国华：《WTO 中国案例评析》，知识产权出版社，2015。
⑧ 龚柏华：《WTO 二十周年：争端解决与中国》，上海人民出版社，2016。
⑨ 金靖寅：《新兴国家如何应对美欧大飞机补贴新规则——美国诉欧盟大飞机 WTO 案件评析》，《北京航空航天大学学报》（社会科学版）2012 年第 5 期。
⑩ 李寿平：《试论 WTO 框架下国家对民用飞机产业的研发补贴法律问题》，《时代法学》2012 年第 2 期。
⑪ 廖龙柳：《WTO 框架下大飞机项目补贴法律问题研究》，华东政法大学硕士学位论文，2013。
⑫ 张超汉、刘静：《WTO 框架下美国大飞机补贴实证研究——以"欧盟诉美国大飞机补贴案"为例》，《国际经贸探索》2020 年第 4 期。

然而，在现有与 WTO 研发补贴规则相关的文献中，由于缺少针对研发补贴谈判过程的梳理和总结，我们很难得知各成员在建立不可诉补贴规则时对研发支持政策的具体态度，也缺少对取消研发补贴规则的原因的分析。这将是本研究的突破点之一。

（二）对不同国家研发支持政策的研究

尽管 WTO 框架下研发补贴规则作为不可诉补贴已到期并被取消，但各国仍存在对研发活动的支持性政策。张琼芳[①]认为，研发补贴、落后地区补贴以及环境补贴涉及一国最基本的发展问题，因而各国政府对这三类补贴都运用得十分广泛。因此，加强对各国研发支持政策的研究，有助于完善多边贸易的补贴纪律。

许多学者在法律和法规两个层面对各国的研发支持政策现状进行了研究。在立法层面，欧福永等[②]分析了在 WTO 不可诉补贴规则的框架下美国、欧盟和加拿大的立法情况。他指出，美国和欧盟并没有采用《SCM 协定》的体系将补贴划分为禁止性补贴、可诉补贴和不可诉补贴，而是将补贴分为可抵消补贴（Countervailable Subsidies）和不可抵消补贴（Non-Countervailable Subsidies）两类，这些在《美国法典》第 19 编第 1677（5）条和《欧盟反补贴条例》中均有所体现。加拿大的《特

---

① 张琼芳：《WTO 框架下欧盟、美国补贴与反补贴规则之比较》，湖南师范大学硕士学位论文，2010。

② 欧福永、黄文旭：《加拿大反补贴立法与实践研究》，中国检察出版社，2009；欧福永等：《美国反补贴立法与实践研究》，湖南人民出版社，2012；欧福永：《欧盟反补贴立法与实践研究》，中国商务出版社，2013。

别进口措施法》将补贴分为禁止性补贴、不可诉补贴和专向性补贴，并将对产业研究提供的援助、对竞争前的开发活动提供的援助及对高等教育机构和独立研究机构进行的研究活动提供的援助三类研发支持政策明确认定为不可诉补贴。WTO 不可诉补贴规则到期后，欧盟对该类规则的规定随之被废止，而美国仍将不可抵消补贴列入法律范围之内。

在国家政策层面，很多学者对各国的研发支持政策进行了梳理。甘瑛[1]对 2007 年和 2008 年 WTO 成员补贴通报的情况进行了梳理。其研究指出，欧盟、美国、加拿大和印度都采取了不同程度的研发支持政策。"创新型国家支持科技创新的财政政策"课题组和丁学东[2]分析了美国、日本、德国、韩国、澳大利亚等针对科研支持的创新财政政策。何海燕等[3]分别梳理了美国、欧盟、韩国、新加坡、印度和巴西的有关科技研发的计划和政策。丁明磊和陈宝明[4]研究了美国联邦财政支持新型研发机构的类型、特点及创新举措以及一些重点的财政支持政策。这些研究均没有列明具体的政策情况，也没有对这些研发支持政策进行合规性分析。彭学兵[5]分别阐述了日本和美国在 2000 年之前的研发支持政策，并就其科技政策与《SCM 协定》

---

[1] 甘瑛：《WTO 补贴与反补贴法律与实践研究》，法律出版社，2009。

[2] "创新型国家支持科技创新的财政政策"课题组、丁学东：《创新型国家支持科技创新的财政政策》，《经济研究参考》2007 年第 22 期。

[3] 何海燕等：《贸易安全政策与实践研究——补贴与反补贴新论》，首都经济贸易大学出版社，2011。

[4] 丁明磊、陈宝明：《美国联邦财政支持新型研发机构的创新举措及启示》，《科学管理研究》2015 年第 2 期。

[5] 彭学兵：《日本科技补贴政策及对我国的启示》，《科技与管理》2003 年第 6 期；彭学兵：《美国政府的科技补贴政策及对我国的政策启示》，《科技进步与对策》2004 年第 1 期。

的适应性问题进行了详细分析，认为这两国善于利用不可诉补贴规则加大科研投入，存在与《SCM 协定》规定不一致的出口补贴，这些都为中国制定研发支持政策提供了思路。

对中国的研发支持政策的研究包括两方面。一是针对研发支持政策及相关法规体系的直接研究。甘瑛[①]通过分析 2006 年 WTO 补贴通报文件，梳理了中国研发支持政策。李晓雪[②]聚焦中国实施的科技创新政策，并分析了其与 WTO 规则的冲突性和一致性问题。二是通过分析国外对华反补贴案例来研究中国的补贴问题，如杨荣珍[③]对 2004～2014 年的国外对华反补贴案例进行了梳理和分析，美国、欧盟、加拿大、澳大利亚等在反补贴案例中均涉及了中国的研发支持政策问题。

（三） 研发支持政策效应的相关研究

一方面，学者们通过对补贴理论渊源的讨论，对研发支持政策产生经济效应的机制进行描述性分析。一些学者就补贴的合理性进行了理论探讨。付亦重[④]从补贴的功能和影响两个角度对相关理论进行了梳理，沈大勇和刘佳[⑤]对不可诉补贴与战略性贸易政策的融合做出了详细解释。他们指出，在新贸易理论的基础上，格罗斯曼（Gene M. Grossman）、斯宾塞（B. J.

---

① 甘瑛：《WTO 补贴与反补贴法律与实践研究》，法律出版社，2009。
② 李晓雪：《中国科技创新政策与 WTO 规则一致性研究》，对外经济贸易大学博士学位论文，2013。
③ 杨荣珍：《国外对华国反补贴案例研究》，对外经济贸易大学出版社，2015。
④ 付亦重：《服务补贴的理论渊源及经济效应》，《国际经贸探索》2010 年第 7 期。
⑤ 沈大勇、刘佳：《不可诉补贴的国际经济学分析》，《世界经济研究》2008 年第 3 期。

Spencer）、布兰德（J. A. Brander）、迪克西特（A. K. Dixit）等著名学者提出了战略性贸易政策理论，证明了政府干预的合理性。他们认为，适当运用补贴等战略性贸易政策措施能够扩大出口、抢夺竞争对手市场份额，并有助于提高一国的贸易福利。诺斯·道格拉斯等[1]说明了研发活动对研究者以外的厂商和大众的外溢效应。当非研发者以零成本或较低成本获得技术时，研发者的个人收益却因技术原因低于社会收益，这就造成了研发供给不足的现象。Kim[2]也指出，给予研发者的补贴额度应当等于研发者私人收益与社会收益的差额，这样才能使研发活动达到社会最优水平。但是这一差额很难被计算出来，需要通过"试错过程"（trial and error process）帮助确定接近真实数额的补贴额度。洪艳蓉[3]认为，研发补贴规则允许研发支持政策的存在，这不仅可以弥补高科技开发企业风险大、资金匮乏的缺陷，还能有选择地扶持高新技术开发、挖掘现有技术的生产力，更有助于发展中国家发挥后进优势，资助企业从发达国家购进先进技术促进本国经济发展，缩小发展中国家与发达国家的差距，最终有利于社会的全面进步和各国发展水平的日趋平衡。Hoekman[4]进一步讨论了全球价值链背景下的补贴政策的演进及其溢出效应，研讨了其与WTO规则的关系。对于技

① 〔美〕诺斯·道格拉斯等：《西方世界的兴起》，张炳九译，学苑出版社，1998。

② Kim, H. J., "Reflections on the Green Light Subsidy for Environmental Purposes," *Journal of World Trade*, 1999, 33 (3)：167 – 175.

③ 洪艳蓉：《可持续发展与国家利益的较量——不可诉补贴介评》，《广西大学学报》（哲学社会科学版）1999 年第 3 期。

④ Hoekman, B., "Subsidies, Spillovers and WTO Rules in a Value Chain World," *Global Policy*, 2016, 7 (3)：351 – 359.

术研发与经济增长的关系研究，主要集中在对内生增长模型的理论研究上。黄东黎和杨国华[①]除了对与世界贸易组织法相关的贸易理论进行梳理外，还提到经济学家戴维·罗默对知识这一要素的理解，即知识投资的持续增长能永久性地提高一国的经济增长率。戴维·罗默[②]认为，基础科学研究的成本为零且又有益于生产，从而具有正的外部性，因此应当对基础研究的生产进行补贴。他还在其著作中介绍了在知识增长模型中引入世代交叠模型计算最优研发补贴的理论模型。

另一方面，学者们对研发支持政策或研发补贴的效应进行了定量分析。在政府研发支持政策与贸易的关系方面，李杰等[③]指出，一些学者基于战略性贸易政策的研究，以 Spencer 和 Brander 在 1983 年建立的第三国市场模型为基础，从市场竞争类型、研发投资不确定性、研发类型、最终产品差异性以及国家发展程度等多个角度，对最优研发支持政策的制定及其影响进行了分析。Haaland 和 Kind[④] 通过构建水平市场结构下两个国家两个企业的产品贸易的理论模型，推导出研发补贴与贸易自由化存在互补关系，即战略性研发补贴会因最终产品的关税的降低而增加。Goel 和 Haruna[⑤] 将研发的溢出效应引入模型，

---

① 黄东黎、杨国华：《世界贸易组织法：理论·条约·中国案例》，社会科学文学出版社，2013。
② 〔美〕戴维·罗默：《高级宏观经济学》（第四版），吴化斌、龚关译，上海财经大学出版社，2014。
③ 李杰等：《研发补贴政策、中间品贸易自由化与企业研发投入》，《世界经济》2018 年第 8 期。
④ Haaland, J. I., Kind, H. J., "R&D Policies, Trade and Process Innovation," *Journal of International Economics*, 2008, 74（1）：170 – 187.
⑤ Goel, R. K., Haruna, S., "Cost-Reducing R&D with Spillovers and Trade," *Journal of Institutional & Theoretical Economics*, 2011, 167（2）：314 – 326.

得出更进一步的结论：当研发的溢出效应较低时，结论不变；但当研发的溢出效应较高时，研发补贴与贸易自由化变为替代关系。曹小旭[1]还对中国光伏发电产业实施战略性贸易政策进行了实证研究，得出由研发支持政策带来的企业利润水平和居民福利水平明显高于实施出口退税的结论。

在研发补贴的经济效应方面，国内学者对研发补贴对企业创新、企业研发投入等效应做了大量研究。安同良等[2]建立了一个企业与 R&D 补贴政策制定者之间的动态不对称信息博弈模型，表明当两者之间存在信息不对称且用于原始创新的专用性人力资本价格过于低廉时，原始创新补贴将产生"逆向"激励作用。王俊[3]运用 1996～2007 年中国 28 个行业大中型企业的面板数据，通过构建静态与动态模型，检验了政府 R&D 补贴对企业 R&D 投入及自主创新的影响。邱通[4]利用广义距估计（GMM）和面板负二项式模型衡量研发补贴对制造业 R&D 投资的影响，得出政府 R&D 补贴可以显著提高中国制造业企业的创新活动表现、民营企业可以利用财政 R&D 支持政策获得更多收益的结论。马嘉楠等[5]以上海浦东张江科技园区的财政科技投入实施效果为研究背景，通过倾

[1] 曹小旭：《战略贸易政策在中国实施的经济效果分析》，贵州财经大学硕士学位论文，2013。

[2] 安同良等：《R&D 补贴对中国企业自主创新的激励效应》，《经济研究》2009 年第 10 期。

[3] 王俊：《R&D 补贴对企业 R&D 投入及创新产出影响的实证研究》，《科学学研究》2010 年第 9 期。

[4] 邱通：《财政 R&D 补贴和企业创新：基于中国制造业的实证研究》，中国财政科学研究院硕士学位论文，2018。

[5] 马嘉楠等：《财政科技补贴及其类别对企业研发投入影响的实证研究》，《财政研究》2018 年第 2 期。

向值匹配法（PSM）解决政府补贴的内生性问题后，分别将研发补贴的总额及促进创新活动、企业发展、资金融通、创新文化、人才聚集五大类研发补贴的比重作为解释变量带入模型，得出比重较小的人才聚集类补贴效果最好的结论。康志勇等[①]在政府研发补贴和企业研发创新中加入了市场竞争，基于"逃离竞争效应"和"熊彼特效应"，讨论了市场竞争对政府补贴促进异质性企业研发投入的影响机制，并借助中国工业企业数据库中 2001～2007 年的中国大样本制造业企业数据库对理论假说进行了验证。该研究认为，政府补贴对企业研发创新活动具有促进作用，但市场竞争程度越高，政府补贴促进企业研发的政策效果就越弱；同时，市场竞争抑制政府补贴促进企业研发的效果还会受到企业技术距离以及规模大小的影响，对于行业中技术更领先及规模较大的企业而言，市场竞争抑制政府补贴促进研发投入的作用更强。林木西等[②]在研发补贴和企业研发投入的关系中加入了关于制度环境的讨论，通过对 2006～2010 年中国 A 股上市公司数据的验证，发现区域制度环境对企业研发激励确实存在倒 U 形关系，且制度环境对财政补贴的激励效果存在负向调节作用，制度环境建设越好越能有效提高税收优惠对企业研发投入的激励效果。

（四） 与研发支持政策制定相关的研究

国内外学者基于 WTO 改革的大背景对如何制定研发支持

---

① 康志勇等：《"鱼与熊掌能兼得"吗？——市场竞争、政府补贴与企业研发行为》，《世界经济文汇》2018 年第 4 期。

② 林木西等：《研发支持政策、制度环境与企业研发投入》，《上海经济研究》2018 年第 9 期。

政策做了研究。针对 WTO 规则改革，刘敬东[1]围绕 WTO 改革提出了是否要走"宪政化"、是否转移工作重点、是否应改变成员驱动导向三个争论；蒋红梅[2]、傅星国[3]、Schott[4]、Narlikar[5] 等学者都对 WTO 机制改革做出了详细论述。WTO 框架下新一轮研发支持政策的制定和实施与规则改革密切相关，多数学者从不可诉补贴规则的研究入手，探究研发支持政策和研发补贴规则的走向与趋势。林惠玲和卢蓉蓉[6]就多哈回合谈判阶段美国对《SCM 协定》改革的提案进行了全面的阐述与剖析，并指出美国的很多提议的出发点是本国利益，忽略了广大发展中成员的利益诉求。该研究认为《SCM 协定》的改革必然是发达经济体与发展中经济体之间的博弈斗争，也会是各方相互妥协的结果。Mah[7] 提出应基于公平贸易的目标，设立关于 R&D 补贴的特殊与差别待遇（Special and Differential Treatment，SDT）条款，即应在研发支持政策方面给予发展中成员 SDT。骆娅[8]在分析了美国 NASA 对大飞机项目的研发支持政策

① 刘敬东：《浅析 WTO 未来之路——WTO 改革动向及思考》，《法学杂志》2013 年第 4 期。
② 蒋红梅：《论 WTO 决策机制与改革》，《中国软科学》2004 年第 8 期。
③ 傅星国：《WTO 非正式决策机制"绿屋会议"研究》，《世界贸易组织动态与研究》2010 年第 2 期。
④ Schott, J., "The Uruguay Round: An Assessment," *International Affairs*, 1995, 71 (3).
⑤ Narlikar, A., "New Powers in the Club: The Challenges of Global Trade Governance," *International Affairs*, 2010, 86 (3): 717 – 728.
⑥ 林惠玲、卢蓉蓉：《WTO 新一轮谈判中美国在补贴与反补贴规则修改上的立场和建议》，《国际商务研究》2010 年第 2 期。
⑦ Mah, J. S., "R&D Promotion Policies of Developing Countries and Fairness in International Trade Relations," *Journal of Economic Issues*, 2015, 49 (1): 179 – 196.
⑧ 骆娅：《WTO 体制下民用航空器补贴法律问题研究》，广东商学院硕士学位论文，2012。

后认为，《SCM 协定》对民用航空器产业存在不适用性，补贴规则在一定程度上遏制了创新所必需的财政资助，这类研发支持政策应当免于被诉。李寿平[①]还从民用飞机产业的研发支持政策的法律问题入手，梳理了从 GATT 到 WTO 研发补贴规则的演进，也对 WTO 框架下民用飞机产业财政资助的利益、补贴专向性问题及研发支持政策的合规性问题提出了质疑。Horlick 和 Clarke[②] 在研究报告中提出应将补贴重新分为三类，新的不可诉补贴应当包括应对气候变化及相似环境问题的补贴、区域发展补贴、研发补贴及自然或人为灾害恢复补贴四类；同时也应当探索服务补贴的规则、限制或消除单边补贴、实施补贴的反向通报等。

（五）文献述评

通过对国内外文献的研究，笔者得出以下结论。

第一，各国的研发支持政策离不开多边贸易规则的约束，当前对《SCM 协定》中补贴规则或不可诉补贴规则本身的研究已经比较充分，而全面研究与研发支持政策相关的国际规制的文献较少。一方面，由于研发支持政策涉及先进技术开发、新能源、医药、服务甚至农业等领域，因而对相关规则的研究应被纳入整个 WTO 规则的框架下，并充分考虑与其他协议的内在关系。另一方面，WTO 框架下主要规制研发支持政策的

---

① 李寿平：《试论 WTO 框架下国家对民用飞机产业的研发补贴法律问题》，《时代法学》2012 年第 2 期。

② Horlick, G., Clarke, P. A., "Rethinking Subsidy Disciplines for the Future: Policy Options for Reform," *Journal of International Economic Law*, 2017, 20: 673 – 703.

研发补贴规则具有其时代特殊性，充分了解与研发补贴规则谈判相关的历史演进过程也能帮助理解国际规则的特征。

第二，基于 WTO 规则的"准判例法"的性质，许多文献在探讨研发支持政策合规性的问题上分析了 WTO 争端解决案例，但较多学者是基于法学的分析方法，也更注重条文释义和规则分析，并且多数研究仍是基于补贴问题延伸而来的，整体缺少从经济学视角来研究判例中的研发支持政策。通过法学和经济学的交叉研究视角，本研究既能判定各成员研发支持政策实践的合规性，又能在一定程度上分析其经济效应。

第三，前人对各国补贴政策的立法做出了翔实的研究，但对于研发支持政策的相关立法研究尚显不足，也缺少对各国近些年来研发支持政策的全面梳理。与中国研发支持政策实践相关的研究，更多是从国内研发创新政策的角度进行的，涉及 WTO 框架下中国研发支持政策的研究较少。本研究认为对于该问题，不仅要对国内相关的法律法规进行研究，还要充分重视 WTO 贸易政策审议、补贴通报及其问题与答复、SCM 委员会会议纪要等文件信息，同时还应结合对华反补贴案例中指出的中国研发支持政策的实际问题，综合探讨各成员对华研发支持政策的态度。

第四，关于研发支持政策的效应研究，更多的是从中观和微观的角度，探讨政府研发投入与行业发展、企业创新的关系；在宏观层面上，较多研究是利用理论框架来分析政府研发补贴投入的经济效益，而从宏观角度对研发支持政策效应进行实证分析的研究较少。

四 主要内容及研究方法

（一）全书内容安排

本研究围绕"WTO 框架下研发支持政策"展开研究，共分为七个部分。

第一部分是绪论。该部分详细描述了以 WTO 框架下研发支持政策为研究对象的背景及意义；通过梳理国内外相关文献，找出当前研发支持政策相关研究的不足之处与突破口。本部分还说明了本研究的主要内容、基本框架、研究方法及创新之处。

第二部分是理论基础与相关概念的界定。该部分首先讨论了与研发支持政策相关的补贴理论，其次对研发支持政策的经济学理论进行了剖析，深度探讨了研发支持与经济增长和贸易的关系，分析了研发支持政策影响出口的理论机制，最后对相关的概念进行了界定。

第三部分是 WTO 框架下与研发支持政策相关的国际规则。该章研究了 WTO 框架下与研发支持政策相关的规则和争端解决案例。通过对不可诉补贴规则谈判过程、成员交锋的研究，本章分析了该规则的历史演进过程，剖析了不可诉补贴规则特别是与研发支持政策相关的规则失效的主要原因。同时，本章以美国波音案和欧洲空客案为基础，着眼于这两个案件中涉及的研发支持政策的争议点，对专家组和上诉机构的相关裁决和判定进行了研究。

第四部分是 WTO 主要发达成员研发支持政策的实践。基于 WTO 补贴通报，本章研究了美国、欧盟、英国、法国、德国、西班牙这六个发达成员实施研发支持政策的实践特征与现实特点，在横向对比的基础上进一步对其合规性进行了分析和判定。

第五部分是中国研发支持政策的实践。本章以中国提交的补贴通报文件为主、双边反补贴调查案例为辅，研究了中国研发支持政策的现状与特点，比较了中国与发达成员政策制定和实施的差异性，又探讨了中国研发支持政策体系与 WTO 规则的一致性问题。

第六部分是 WTO 框架下研发支持政策的实证分析。本章在理论框架的基础上，利用全球贸易预警数据库，建立了 2008 ～ 2018 年各国研发支持政策的动态非均衡面板数据，采用 OLS 方法对研发支持政策对出口的短期效应和长期效应进行了实证分析，还对研发支持政策的进口效应进行了拓展分析，得出研发支持政策具有一定的贸易效应的结论。

第七部分是政策建议。本章分析了新一轮研发支持政策制定的背景，研发支持政策本身兼具合规性及合理性，而各成员的研发支持政策实践又面临着 WTO 规则改革的大背景。因此，各国政府应积极维护多边贸易体制，同时制定并实施合规、合理的研发支持政策。本章还借鉴发达经济体的实践经验从中国的视角出发提出了应对策略。

本研究的技术路线如图 1 - 1 所示。

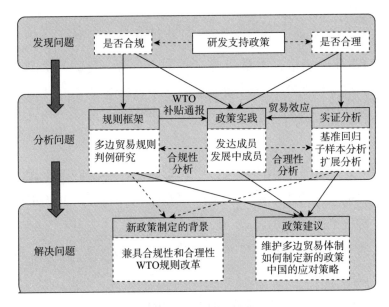

图 1-1　技术路线

（二）研究方法

一是文献研究的方法。本研究通过查阅国内外文献及 WTO 重要文件，探讨 WTO 规制研发支持政策相关规则的现状、历史演进及各成员对不可诉补贴规则的态度，分析研发支持政策的理论渊源和作用机制。

二是法理的分析方法。本研究包括对 WTO 规则、各成员法律条文的分析，探讨其是否存在一致性，并针对各争议焦点提出应对建议。

三是案例的分析方法。每个案例都有其特点，不同的案例之间又存在密切的关系，因而本研究将通过对个案争议焦点、裁决要点、应诉情况的分析，聚焦研发支持政策相关问题。

　　四是实证分析方法。本研究利用 GTA 数据库中的国家研发支持政策和联合国双边贸易数据库产品层面的贸易数据，建立动态非平衡面板数据，用 OLS 方法来分析研发支持政策对贸易的影响。

第二章
研发支持政策的理论基础
与相关概念界定

在多边贸易规则体制下，各成员的研发支持政策被视为一种补贴，因而主要受到 WTO 补贴规则的规制。从政策实践来看，研发支持政策是政府实施的用以支持研发活动的财政资助，属于补贴的范畴，与其相关的理论涉及国际贸易学、政治经济学、法经济学等领域。因此，本研究将从经济学理论的角度说明研发支持政策的内在机理，分析多边贸易体制下研发支持政策效应的理论机制，同时结合国际规则、法律法规厘清相关概念的内涵与范围，从而进一步说明研发支持政策的合法性与合理性问题。

一　研发支持政策的理论基础

（一）补贴理论对研发支持政策的解释

1. 补贴的经济学含义

在本研究中，补贴的定义主要来源于《SCM 协定》中的法律概念，但又不可避免地会考虑到补贴的效应问题，因而也需要从经济学的角度进行定义。但事实上，补贴的经济学概念难以界定①，虽然"补贴"一词被广泛用于经济学中，但很少有学者给出一个确切的经济学定义。从词汇本身释义的角度来看，补贴指的是用于援助某企业或某行业将商品和服务维持在低价水平的一笔公共资金。② 补贴政策实施的主体一定是政府，它为私营部门提供了低于市场价格的商品或服务。③ 实际上，无论是在实践中还是在研究领域，界定补贴的标准都是不同的，也是十分复杂的。

在多边贸易框架下，WTO 发布的《2006 年世界贸易报告》从经济学意义上将补贴分为三类。第一类是资金的直接或间接转移。政府可将资金转移给生产者或消费者，从而产生直接或潜在的预算支出，也可利用其权力指示私人实体进行资金的转移。直接预算支出在现实中较为常见，大量的政府补贴来源于预算内的直接拨款。贷款担保则是潜在预算支出的典型例子。④ 第二类是实物援助，即政府提供低于市场价格的商品或服务，受益人得到的是实物援助而非可支配的资金。第三类是监管政

① Steenblik, R., "Subsidy Measurement and Classification: Developing A Common Framework," *Environmentally Harmful Subsidies: Policy Issues and Challenges* (Paris: OECD Publishing, 2003).

② WTO, "World Trade Report 2006: Exploring the Links between Subsidies, Trade and the WTO," https://www.wto.org/english/res_e/publications_e/wtr06_e.htm/2020 - 2 - 1.

③ Sykes, A. O., "The Economics of WTO Rules on Subsidies and Countervailing Measures," University of Chicago Law School John M. Olin Program in Law and Economics Working Paper, 2003, 186: 3.

④ Freinkman, L., Gyulumyan, G., Kyurumyan, A., "Quasi-Fiscal Activities, Hidden Government Subsidies, and Fiscal Adjustment in Armenia," Armenian International Policy Research Group Working Paper, 2003, 3/6.

策。监管工具可以规避各种形式的直接补贴，从而达到与补贴相同的效果。①

经合组织（OECD）同样认为，并没有能被广泛接受的补贴的定义②，并且基于国家援助和市场竞争的角度提出了补贴定义的共同点。首先，补贴都是一项政府政策；其次，这项政策对一些企业或产业有所偏袒，也就是政府采取了有利于个别企业或产业的政策；最后，产生的影响是降低了整体的福利。

在经济统计层面，为了明确补贴的概念，经济统计框架往往对政府干预政策的某个要素进行限制，包括补贴的接受者、补贴方式、补贴政策的目标及实施的效果等。国民账户统计（National Accounts Statistics，NACC）从直接支付的角度对补贴进行了定义，即补贴是指政府根据企业的生产、销售或进口情况，向企业支付的尚未偿还款项，在收支中体现为居民生产者或进口企业的应收款项。该定义明确了补贴的接受者，只有向生产者进行转移支付才是补贴，向家庭或个人的转移支付叫作社会福利（社会救济）。在这个定义中，缺少了对税收减免和贷款措施的界定。有学者认为，对公共产品的支付不应被纳入补贴的范畴，只有政府对企业提供商品和服务才能构成补贴。③

另外，美国的法律规定了补贴是由出口补贴和国内补贴组

---

① WTO，"World Trade Report 2006：Exploring the Links between Subsidies，Trade and the WTO，" https://www.wto.org/english/res_e/publications_e/wtr06_e.htm/2020 – 2 – 1.

② OECD，"Competition Policy in Subsidies and State Aid，" *OECD Journal：Competition Law and Policy*，2004，6：128.

③ WTO，"World Trade Report 2006：Exploring the Links between Subsidies，Trade and the WTO，" https://www.wto.org/english/res_e/publications_e/wtr06_e.htm/2020 – 2 – 1.

成的，并且美国商务部给出了国内补贴的示例清单。按照这个定义，研发支持政策应被纳入国内补贴政策的范畴。国内补贴是政府提供的与企业的商业原则相悖的援助，包括：（1）资本、贷款或贷款担保；（2）以优惠价格提供货物和服务；（3）为弥补某一特定行业的经营损失而进行的拨款或债务免除。①

总的来说，补贴政策的经济学定义虽不统一，但都具有以下共同特征：第一，补贴政策都是由一国政府实施的国内援助计划，是政府实际或潜在的财政转移；第二，补贴政策具有特定的目的或目标，在具体实施过程中具有特定的援助对象，但不一定局限于某个企业或产业；第三，补贴政策的形式是多样的，不同实践中对补贴的形式的界定是不同的；第四，补贴政策会产生一定的影响。

2. 补贴的经济学理论基础

补贴政策所带来的效应也是多样的。从功能的角度来看，补贴政策是政府纠正市场失灵的有效手段，也能作为一种再分配手段来促进经济效率的提高和整体福利的提升；从影响的情况来看，补贴政策能够对国际贸易与国际收支等产生影响，也会存在静态和动态两种不同的影响。② 由于本书对研发支持政策的研究是在多边贸易体制下进行的，因而主要关注补贴的贸易效应。

随着国际贸易的不断发展，学者们开始关注贸易产生的原

---

① Lay, W., "Redefining Actionable 'Subsidies' under U. S. Countervailing Duty Law," *Columbia Law Review*, 1991, 91（6）：1495.

② 付亦重：《服务补贴制度与绩效评估——基于美国服务补贴制度的研究及中国的借鉴》，对外经济贸易大学博士学位论文，2009。

因，古典贸易理论应运而生。亚当·斯密在《国富论》中阐述了绝对优势理论。他提出了国际分工的主要原则应该是国家在商品和劳务上的绝对优势，每个国家都应该生产本国最擅长且成本最低的产品，用以交换那些不擅长生产且成本高的产品。大卫·李嘉图在此基础上提出了比较优势理论，他提出了"两利相权取其重，两弊相权取其轻"的原则，指出各国应根据比较优势进行生产和贸易，即一国应生产和出口具有比较优势的产品，进口具有比较劣势的产品。到了 20 世纪 30 年代，赫克歇尔和俄林提出了要素禀赋理论（即 H-O 模型），进一步揭示了比较优势形成的原因，也被称为新古典贸易理论。从这些理论中不难看出，倘若一国政府的干预政策影响了原有的"比较优势"或"要素禀赋"，则会对国际分工、国际贸易产生一定的影响。

首先，补贴未必会产生贸易影响。Richard[1] 用案例阐述了补贴如何影响厂商的生产活动，从而会产生影响贸易和不影响贸易的两种情形。政府补贴只有在能够直接促进生产率的提高，从而导致企业产量提高和产品价格降低时，才会影响到市场竞争，从而影响国际贸易。[2] 也就是说，一项补贴只有影响到企业的生产和销售成本时，才有可能产生贸易扭曲。

其次，不同的补贴政策的贸易效应也是不同的。通常，补贴可以被划分为出口补贴和国内补贴。出口补贴是政府以实际或预期的出口实绩为条件而进行的补贴，它以扩大出口为前

---

[1] Richard, D., "Economic Foundations of Coutervailing Duty Law," *Virgina Journal of International Law*, 1989, 29: 786-789.

[2] Richard, D., "Economic Foundations of Coutervailing Duty Law," *Virgina Journal of International Law*, 1989, 29: 786-789.

提，并且常常取决于出口量。[①] 国内补贴又被称为生产补贴（production subsidies），该类补贴适用于任何目的的市场生产活动，它会对生产资源分配和效率产生不同的影响，也会在一定程度上影响出口。[②] 在完全竞争市场条件下，封闭经济中的国内补贴能够增加企业的产出，降低消费者的支付价格，从而造成整体福利的减损。在开放经济中，当国内补贴政策的对象是进口竞争行业时，国内产出将会得到提高，补贴将会对进口产生负面影响，国内价格与世界价格之间存在差异，因此会影响整体福利。出口补贴会使资源配置降低并损害全球福利，因为其对产品出口国的负面影响大于对进口国的正面影响。[③]

然而，在现实中市场并非都具备完全竞争条件，往往存在市场失灵现象，如规模经济、不完全竞争、外部性、信息不对称等。在不完全竞争市场上，特别是寡头市场上，一国政府通常会采取干预政策来提高本国产业在国际市场上的竞争力。[④] 20 世纪 80 年代，以克鲁格曼（P. R. Krugman）和赫尔普曼（E. Helpman）为代表的经济学家，开始重新审视传统贸易理论的适用性，并创立了新贸易理论（Neo-trade Theory）。在该理论框架下，布兰德（J. A. Brander）、斯宾塞（B. J. Spencer）、迪克西特（A. K. Dixit）等学者提出了战略性贸易政策理论。该

---

① Sykes, A. O., "The Economics of WTO Rules on Subsidies and Countervailing Measures," University of Chicago Law School John M. Olin Program in Law and Economics Working Paper, 2003, 186: 9 – 10.

② WTO, "World Trade Report 2006: Exploring the Links between Subsidies, Trade and the WTO," https://www.wto.org/english/res_e/publications_e/wtr06_e.htm/2020 – 2 – 1.

③ 毛杰：《WTO 货物贸易多边补贴规则的法律问题研究》，浙江大学出版社，2016，第 21 页。

④ 谢申祥等：《谈判势力与战略性贸易政策》，《世界经济》2016 年第 7 期。

理论建立在不完全竞争和规模报酬递增的基础之上，证明了政府干预的合理性，也就奠定了政府实施补贴政策的理论基础。学者们建立了第三国市场竞争模型来分析补贴的贸易效应。企业所在国的政府并不能采取任何直接影响第三国市场上竞争对手的政策①，因而只能采取补贴这样一种利润转移工具，出口补贴成为唯一的选择。② 补贴作为一种战略性贸易政策，在保护本国市场的同时，也对进出口具有促进作用。③ 外部性的存在也是市场失灵的典型例子。战略性贸易政策理论的研究包含利润转移论和外部经济论。特别地，外部经济论适用于研发补贴或研发支持政策的研究。该理论指出，在不完全竞争和规模报酬递增的条件下，一国可以借助研发补贴、生产补贴、出口补贴、进口补贴、保护国内市场的政策手段，扶植本国战略性产业成长。可见，研发支持政策作为一种补贴手段，能够被视作政府实施的一种战略性贸易保护政策。

（二）基本经济学理论对研发支持政策的解释

在经济学范畴内，研发支持政策的产生是十分复杂的，对研发活动支持的目的是促进技术进步，而技术的进步源于创新，旨在推动福利提升和经济增长。在古典经济学中，亚当·

---

① Brander, J. A., "Strategic Trade Policy," in Grossman, G., and Rogoff, K., eds., *Handbook of International Economics Vol Ⅲ* (Amsterdam: North Holland Press, 1995).

② Brander, J. A., Spencer, B. J., "Export Subsidies and International Market Share Rivalry," *Journal of International Economics*, 1985, 18: 83 – 100.

③ Baldwin, R. E., Krugman, P. R., "Market Access and International Competition: A Simulation Study of 16K Random Access Memories," NBER Working Paper, 1936, 1986.

斯密提到了分工和专业化生产能够促进劳动生产率的提高，实际上就是技术的革新能够带来财富的增长。大卫·李嘉图开始强调技术的作用，认为技术进步的缺失会引起货币工资的不断增加，从而导致资本积累的终止。如果没有技术进步，经济就无法实现持续性增长，因而通过制定研发支持政策推动技术进步显得尤为重要。

同样，创新理论也解释了研发支持政策的存在。熊彼特最早提出了创新的定义。他在 1912 年出版的《经济发展理论》一书中将"企业家精神"纳入生产要素，同时将创新引入新的生产函数中，并认为创新能够成为经济长期增长的动力。所谓的"企业家精神"指的是，企业家对新产品开发、新生产方式引进、新市场开辟、新型原料获取以及新组织建立的创造性破坏过程。1939 年熊彼特又出版了《经济周期》一书，他认为经济发展就是一个由创新到扩散再到创新的动态非平衡过程。1942 年，熊彼特再次扩展了创新理论。他在《资本主义、社会主义与民主》一书中指出，大企业在资本主义的经济发展和创新过程中起到了决定性的作用。[①] 总的来说，熊彼特的创新理论主要揭示了创新与经济周期之间的关系。企业家进行创新，其形式和方式多样：可以是产品更新、技术和原材料的革新，也可以是新市场的开辟或采用了新的生产方式。由于企业家之间的差异性，创新并不普遍，而是在个别企业中率先出现。这些拥有"创新"的企业将拥有垄断优势，并且能够进一

①　李晓雪：《中国科技创新政策与 WTO 规则一致性研究》，对外经济贸易大学博士学位论文，2013。

步垄断利润，从而引发其他企业的竞相模仿，以期获得同样的高额利润。这就带动了经济的上行发展。随着大批的模仿企业出现，垄断利润逐渐消失，企业投资外流，经济从繁荣走向衰退和萧条。这对随后研究技术进步与经济增长关系的理论学派产生了重要的影响。

创新理论的发展经历了熊彼特创新理论、外生增长理论学派、内生增长理论学派、新制度经济学派、国家创新系统学派等多个学派的不断深入和发展。20 世纪 50 年代，新古典经济学开始认定技术进步是经济增长的决定性因素，即外生增长理论。索洛模型表明了技术进步对经济增长具有决定性作用，但是技术进步仍被认定是外生的。直到 20 世纪 80 年代，内生增长理论对经济增长的因素提出了新的认识。戴维·罗默认为，在进行研发创新活动中，私人部门的边际成本大于社会边际成本，就会导致市场失灵的出现，只通过市场机制来调节，无法引导私人部门的创新投入，而政府实施的补贴措施能够抵消私人边际成本与社会边际成本之差，对企业开展创新活动起到激励作用，即内生的技术进步决定了经济的持续增长。除此之外，卢卡斯、赫尔普曼等学者从不同的角度对技术进步的来源做了解释。但是，内生增长理论缺乏对制度创新的研究，该学派把制度和制度创新当作外生变量，需要通过政治、法律等手段来改变，这就忽略了制度变迁对技术和经济的影响。

在新制度经济学（New Institutional Economics）领域，科斯和诺斯将技术创新、制度创新都认定为"创新过程"，是一个整体的内生变量。以往，技术进步、投资、专业化和分工等都被看作经济增长的原因，新制度创新学派认为这些因素并不构成主要原因。引起增长的原因应当来源于制度，并且，应该是制度创新决定了技术创新，不好的制度安排会引起技术创新影响效果的偏离，从而导致经济发展偏离原有轨道。新制度经济学家指出，由于技术创新活动的个人收益与社会收益的差距过大，倘若不能界定产权和保护产权，个人在创新领域的积极性将会被大大削弱，最终，创新活动的积极性只能依靠极个别的自发性进行维持。所以，理论上的产量最大化受到技术和知识存量的约束，但实际产量则由制度决定。从 WTO 成员内部来看，研发支持政策既能促进技术的开发从而提高生产力，又能作为一项制度安排对经济增长产生影响。从这个意义上来看，新制度经济学的理论揭示了研发支持政策对经济发展的影响，换言之，促进经济发展是一国实施研发支持政策的原动力。

20 世纪 50 年代末 60 年代初，学者们开始运用经济学的框架和指标来分析法律，法经济学（Law and Economics）或法律的经济学分析（Economic Analysis of Law）兴起，并逐渐发展成为新制度经济学领域的一个重要分支。波斯纳[1]指出，法律本身的规范、程序和制度注重促进经济效益。鉴于多边贸易体制兼具经济性和法律性，许多学者从法经济学的视角来分析WTO 规则。WTO 是全球最具有法制化的国际机构，这种法制化主要通过规则文本和争端解决机制来体现。[2] 在国际贸易领

---

[1]　〔美〕理查德·波斯纳：《法律的经济分析》（第七版），蒋兆康译，法律出版社，2012。

[2]　〔美〕约翰·H. 巴顿等：《贸易体制的演进：GATT 与 WTO 体制中的政治学、法学和经济学》，廖诗评译，北京大学出版社，2013，第 1 页。

域，法经济学学者艾伦·塞克斯（Alan O. Sykes）曾在多篇文章中利用资源配置效率这一经济学概念来分析补贴与反补贴的国内法律和国际规则。WTO 框架下的研发补贴规则，主要是对研发支持政策中"不可诉"部分进行了界定，从而形成了对各国政策实施的约束和规制。

技术差距理论（Technological Gap Theory）揭示了技术差距和技术变动对国际贸易的影响。美国学者波斯纳（Michael V. Posner）在 1961 年发表的《国际贸易与技术变化》文章中将技术作为独立的生产要素引入 H-O 模型。在熊彼特创新理论的基础上，波斯纳认为不同的国家之间的科研能力、研发投入水平、市场的规模和竞争、人力资本存量等变量存在差异，创新并不会在全球各个国家同时产生，而是首先出现在少数国家中，从而形成了国家间的技术差距。技术创新国能够生产并出口具有技术比较优势的产品，获取利润。但这种技术垄断优势并不能长久保持，当技术模仿国掌握该项技术生产同类产品时，创新国和模仿国之间的技术差距就会消失。研发支持政策的实施，能够帮助创新国扩大技术垄断优势，从而扩大出口市场占有率；也能够促进技术模仿国的研发创新，并帮助其缩小国际技术差距，实现产品的国内供给，甚至扭转贸易逆差。

国家竞争优势理论（Theory of Competitive Advantage of Nations）也强调了创新在国家经济发展中的重要地位。迈克尔·波特（Michael E. Porter）在其 1990 年出版的《国家竞争优势》一书中系统阐述了该理论。波特认为，一国的竞争优势主要通过产业优势体现出来，决定该优势的因素分为两类：一类是基本要素，包括生产要素、需求要素、相关产业和支持产业、企业战略结构及同业竞争情况；另一类是辅助要素，包括政府和机遇。这六个要素共同构成了国家竞争优势的"钻石结构"，要素之间的相互作用使该结构成为相互增强的系统，决定了一国的国际竞争力。国家竞争优势理论还指出了优势产业参与国际竞争分为要素驱动、投资驱动、创新驱动和财富驱动这四个阶段。其中，创新驱动阶段的竞争优势已由投资转变为研发，技术创新成为产业国际竞争力提升的核心要素。在这一阶段，政府的研发支持政策能够促进技术创新，从而使产业竞争力提升、国际竞争优势扩大。

多边贸易体制把出口补贴认定为禁止性补贴，因而通过援助出口来实施贸易保护措施是不被允许的。但是，研发支持政策并不是传统意义上的出口补贴。特别是在战略性贸易政策理论的框架下，研发补贴或研发支持政策的作用凸显。战略性研发支持政策是在市场失灵的情况下，企业无法获得技术外溢带来的全部报酬而减少研发投入或不愿进行技术创新活动时，政府采取的战略性干预手段。[①] Brander 和 Spencer[②] 是最先对研发补贴进行研究的学者，他们建立了三阶段博弈的"第三国市场"模型，来分析最优研发补贴水平及研发补贴的效应。对实施补贴政策的国家而言，研发补贴能够提高本国福利，损害不实行研发补贴国家的福利。因此，对于一国政府

[①] 朱斌锋：《战略 R&D 补贴政策效应数量模型研究》，大连理工大学博士学位论文，2006，第 5 页。

[②] Brander, J. A., Spencer, B. J., "Strategic Commitment with R&D: The Symmetric Case," *Bell Journal of Economics*, 1983, 14 (1): 225 - 235.

来说，如果无法实施出口补贴，研发补贴很有可能成为次优选择。国家技术研发实力逐渐成为决定贸易地位的重要因素之一，因而各国政府开始通过研发支持政策来刺激企业研发、促进产品出口。[1]

总体上看，研发支持政策并不是《SCM 协定》完全禁止的具有直接贸易扭曲效应的出口补贴，但在本质上属于具有出口促进作用的战略性贸易政策。首先，研发支持政策能够提高生产率。在战略性研发支持政策的刺激下，本国企业的生产积极性会被调动起来，从而提高生产率。[2] 政府采取研发支持政策能够使一国自主研发能力提升，促进本国的技术进步，也能提高企业的全要素生产率（Total Factor Productivity，TFP）。[3] 这一观点得到了 Griliches[4]、Mairesse 和 Sassenou[5]、Hall 和 Mairesse[6] 等学者的支持和验证。其次，通过生产率的提高，一国的竞争优势得到扩大，从而促进了出口。Eaton 和 Kortum[7] 基于比较优势理论创立了国家层面生产率与贸易流量关系的

---

① 黄先海、谢璐：《中国汽车产业战略性贸易政策效果的实证研究——R&D 补贴政策与出口补贴政策之比较》，《世界经济研究》2005 年第 12 期。

② 张琴：《战略性 R&D 补贴对我国高技术产业出口贸易利益的影响研究》，湖南大学硕士学位论文，2014，第 23 页。

③ 毛德凤等：《研发投入与企业全要素生产率——基于 PSM 和 GPS 的检验》，《财经研究》2013 年第 4 期。

④ Griliches, Z., "Productivity, R&D and Basic Research at Firm Level in the 1970s," *American Economic Review*, 1986, 76 (1): 141 – 154.

⑤ Mairesse, J., Sassenou, M., "R&D and Productivity: A Survey of Econometric Studies at the Firm Level," NBER Working Paper, 1991, 3666.

⑥ Hall, B. H., Mairesse, J., "Exploring the Relationship between R&D and Rroductivity in French Manufacturing Firms," *Journal of Econometrics*, 1995, 65.

⑦ Eaton, J., Kortum, S., "Technology, Geography, and Trade," *Econometrica*, 2002, 70 (5): 1741 – 1779.

EK 模型，检验了生产率差异能够影响贸易的事实。由此可见，研发支持政策的实施能够带来技术的进步，从而提高本国的生产率，进一步促进出口。最后，本国生产率的提高还有可能产生进口替代效应，在一定程度上限制进口。

二　相关概念的界定与厘清

研发支持政策是政府实施的用以支持研发活动的财政资助，属于补贴的范畴。除了上文经济学对补贴的解释外，WTO 规则给予了补贴确切的法律定义，也对研发补贴进行了界定。鉴于这些都是界定本书研究对象的基础，因而本部分将从补贴的概念和分类入手，厘清研发支持政策的内涵与范围，同时对 WTO 框架进行界定。

（一）补贴

通过上述分析可知，补贴的经济学概念是较为模糊的，现有的理论研究并不能明确界定补贴的概念。然而，法律是严谨客观的，WTO 规则给予补贴准确且合理的定义。[①]因此，本研究以 WTO 规则中补贴的"法律定义"来界定这一概念。在多边贸易体制内，补贴的概念和分类主要体现在《SCM 协定》中。

---

① 毛杰：《WTO 货物贸易多边补贴规则的法律问题研究》，浙江大学出版社，2016，第 15 页。

1. WTO 框架下补贴的定义

GATT 规则及东京回合①《补贴守则》均没有给出"补贴"确切的定义,直到 1995 年 WTO 规则才对补贴进行了界定,这也结束了 GATT 1947 诞生以来补贴定义缺失造成的混乱局面。②《SCM 协定》第 1 条规定了补贴的三个要件,分别为"提供者"、"政府的财政资助(financial contribution)"以及"授予了某项利益(a benefit is conferred)"。③

第一,补贴的提供者。《SCM 协定》明确规定了提供者应为成员领土范围内的政府(government)或公共机构(public body)。换言之,私营机构提供的金融援助或金融扶持,均不属于《SCM 协定》管辖的补贴。概念中提到的公共机构则被定义为广泛的概念,包含了多种带有公共性质的实体,如一国的中央银行、代为行使国家职能的基金机构等。④而在 WTO 争端解决的实践中,各方对公共机构的理解不尽相同。在中国诉美国对某些产品的反补贴和反倾销措施案例(DS379)中,美国认定中国的国有企业和国有商业银行为公共机构,从而违反了《SCM 协定》第 1.1 款的规定。专家组也持相同观点。这实际上是错误解读了"政府"和"公共机构"的定义。上诉机构报告认为,本案中的中国国有企业并不构成公共机构。公共机构应当被理解为政府的代理机构,或至少该实体在作用上与

---

① 东京回合是 GATT 主持的第七轮多边贸易谈判,1973 年由《东京宣言》正式启动并于 1979 年结束。

② 甘瑛:《WTO 补贴与反补贴法律与实践研究》,法律出版社,2009,第 11 页。

③ "Article 1 of Agreement on Subsidies and Countervailing Measures," https://www.wto.org/english/docs_e/legal_e/24-scm_01_e.htm#Article I /2020-1-3.

④ 甘瑛:《WTO 补贴与反补贴法律与实践研究》,法律出版社,2009,第 13 页。

政府某些职能等同。在法律实践层面，公共机构应被解释为政府将其职能或带有公共性质的职能授权给实体行使，该实体的行为是在这种授权下进行的。[①]

第二，补贴中必须有"财政资助"或其他"任何形式的收入或价格支持"（any form of income or price support）。《SCM 协定》也清晰地列明了财政资助的具体形式，包括拨款（grants）、贷款（loans）、股权参与（equity infusion）、贷款担保（loan guarantees）、税收抵免（tax credits）、财政激励措施（fiscal incentives）、政府购买货物或服务[②]，还包括政府向筹资机构付款并授权或指示私营机构提供财政资助，以及其他收入和价格支持政策。这一要件给补贴划定了限制范围，"尽管任何政府采取的行为都有影响生产和贸易的潜在可能，但应当对可能会被视为补贴并可能受到反补贴制约的政府政策制定限制条件"[③]。在双边反补贴实践中，美国将一国的补贴分为优惠贷款、低于合理回报（Less Than Adequate Remuneration，LTAR）提供货物和服务、税收优惠和政府专项拨款四类。[④]《SCM 协定》第1.1款（a）项的第（Ⅳ）条列明的筹资机构、被委托

---

① 龚柏华：《国有企业是否当然为〈补贴与反补贴协定〉第1.1条意义上"公共机构"辨析——兼评美国对来自中国某些产品最终反倾销和反补贴税措施 WTO 争端案》，《国际商务研究》2010 年第 6 期。

② 虽然 WTO 诸边协定包含了《政府采购协定》（GPA），但其中并不包含关于政府采购构成补贴的特殊规则，因而由政府采购货物或服务形成的对企业或产业的补贴仍然受《SCM 协定》规制。

③ "Negotiating Group on Subsidies and Countervailing Measures – Statement Made by the Delegation of Canada at the Meeting Held on 28 – 29 June 1988," MNT. GNG/NG10/W/22. 7 July 1988.

④ 杨荣珍：《国外对华国反补贴案例研究》，对外经济贸易大学出版社，2015，第22 页。

或被指示的私营机构，揭示了 WTO 想要防止政府规避行为的意图。正是因为这类资助形式具有很强的隐蔽性、不易被察觉，因而在实践中大量存在。在很多 WTO 争端解决案例中，专家组多次释义这一条款。政府指定的筹资机构、被委托或被指示的私营机构很复杂，往往需要具体问题具体分析，根据不同的政策行为来辨别是否存在补贴。

第三，补贴一定授予了某项利益。这里指的是，政府或公共机构提供的"财政资助"或"收入或价格支持"授予了企业或产业某项"利益"①，而"利益"的判定主要从"补贴接收方是否得到了好处"② 来分析。

2. 补贴的分类

除了上述三点必要条件外，《SCM 协定》还通过专向性（specificity）这一标准对补贴进行进一步筛选。具有专向性的补贴被视为禁止性补贴或可诉性补贴，不具有专向性的补贴则被纳入不可诉补贴。《SCM 协定》第 2 条及其注释 2 和注释 3 规定了补贴的专向性标准，即法律上的、事实上的、地理上的和拟制上的。③ 根据释义，我们普遍认为补贴的专向性分为企业专向性、产业专向性、地区专向性以及被禁止的补贴（与出口实绩或使用国产投入物相联系的补贴）四种类型。

受《SCM 协定》规制的补贴分为禁止性补贴、可诉补贴和不可诉补贴三类。禁止性补贴指的是出口补贴和进口替代补

---

① 甘瑛：《WTO 补贴与反补贴法律与实践研究》，法律出版社，2009，第 22 页。
② "Canada – Measures Affecting the Export of Civilian Aircraft-AB-1999 – 2-Report of the Appellate Body，" WT/DS70/AB/R. 2 August 1999.
③ 甘瑛：《WTO 补贴与反补贴法律与实践研究》，法律出版社，2009，第 24 页。

贴，是被 WTO 完全禁止、各成员不得实施的补贴措施。不可诉补贴①指的是那些不具有专向性的补贴，或该补贴措施虽然具有一定的专向性但被用于研发活动、落后地区发展和环境保护，即所谓的 WTO 研发补贴、落后地区补贴和环境补贴。各成员可以实施该类补贴，并且不会受到其他成员的反对或提起 WTO 争端解决。可诉补贴则指那些既不能被禁止又不能完全被豁免的补贴。各成员可以根据自身政治经济发展的需要，在一定范围内对某产业或特定企业给予支持，因而这类补贴也隶属国内补贴。当前，各国采取的补贴措施大多数均为可诉补贴。但这类补贴存在潜在被诉的可能，或易被征收反补贴税。换言之，如果这类补贴在实施过程中对其他成员产生了"不利影响"（Adverse Effects），那么受影响方将会提出反对意见甚至采取措施。

（二）研发支持政策

1. 研发支持政策的基本含义

研发支持政策在学术界没有统一的概念，泛指一国政府对研究开发、技术创新等活动进行的财政资助。

一般地，研发支持政策有三个层面的含义。第一个层面是广义的研发支持政策，指政府实施的所有研发支持政策。无论是否受 WTO 规则的规制，只要是对研发活动的支持政策都被包含在内。然而，所有研发支持政策中仅有一部分符合《SCM协定》中的补贴的定义，另一部分则不受《SCM 协定》的规

---

① 《SCM 协定》的不可诉补贴条款已经到期失效，尚未被激活。因此，WTO 的补贴分类只剩禁止补贴和可诉补贴。

制。第二个层面的研发支持政策是将上述概念的范围缩小，仅把受《SCM 协定》规制的研发支持政策作为研究对象，即本研究所指的 WTO 框架下的研发支持政策。在这个意义上，研发支持政策通常被认为是一种国内补贴，体现为政府层面对研究开发活动的财政支持。这里排除了那些不受《SCM 协定》规制的其他研发支持政策。第三个层面的研发支持政策的范围更小，它具体指的是《SCM 协定》第 8.2 款（a）项规定的不可诉补贴。为了区别定义，本研究将第三个层面的研发支持政策称为 WTO 研发补贴。

本书的研究对象是 WTO 框架下的研发支持政策，指的是那些符合《SCM 协定》中的补贴的定义的、对研究开发相关活动进行财政资助的政府行为或政府措施。这个定义将 WTO 研发补贴规则包括在内。

2. WTO 规则对研发支持政策的界定

按照《SCM 协定》对补贴下定义的方式，本研究将从研发支持政策的各个要件进行概念的界定。

（1）研发支持政策的实施主体

研发支持政策的实施主体应当为政府或公共机构。政府可以是中央、地区和地方三级政府，也可以是政府直属部门，如美国能源部能源效率和可再生能源办公室。带有公共机构性质的实体可能是政府利用国有资本建立的社会服务组织，如具有公共性质的研究机构等事业单位等。政府将自身权力委托或指示给这类公共机构，由该机构完成某项财政资助。在实践中，资助的主体呈多样化，涵盖了科学委员会、研发基金、政府与高校共建实验室等多种形式。但这些是否被认定为公共机构，还应当遵从 WTO 规则及争端解决案例的判定。

（2）研发支持政策的目的

研发支持政策带有一定的针对性，它的资助目的是帮助国家在某一领域更好地进行研究、开发或技术创新等活动。从产品生命周期的角度来看，研发活动的范围比较广泛，几乎覆盖了产品开发期的各个阶段，包括基础研究、产业研究以及竞争前开发活动。产品上市产生市场价值后的部分投入将不被计算在内。目前各国的研发支持政策较多地存在于产品开发的投入初期和投入高峰期，也就是基础研究和产业研究的前期。这类研发支持政策将有助于提高某产业的创新能力。通常情况下，学者们认为针对基础研究的补贴将不会对贸易产生扭曲作用。即便是针对产业研究进行的财政支持可能会带来经济效益和贸易影响，也是间接通过复杂的传导机制才产生作用的，因而研发支持政策具有一定的隐蔽性和复杂性。

（3）财政资助

与补贴相同，研发支持政策也是政府财政资助行为，主要表现为拨款、直接贷款、贷款担保（政府为贷款做担保）、税收抵免、财政激励措施、政府采购等。其中，拨款的形式较为多样，财政直接拨款、研发基金、付息拨款、合作开发协议等都在拨款的范畴里。值得注意的是，由政府和私人之间建立的合作机制也是研发支持政策常见的形式之一，但其实质上是政府的财政拨款。美国的 CRADA（Cooperative Research and Development Agreement）就是一种典型的例子。CRADA 可以理解为政府与私营机构的合作开发协议，即美国某联邦机构或实验室与一个或多个私营部门合作伙伴（包括大学和独立研究机构）之间谈判达成合同协议，共享研发活动的设备和其他资源，共同参与由研发活动产生的知识产权的处置。①

（4）利益的授予

除了以上三点，研发支持政策同样也是一项利益的授予，受补贴的对象切实收到了某项好处，如在新模型开发初期得到了政府专利技术的支持或金融支持，或某私营机构通过政府的遴选机制获得了一笔研发基金等。

3. 相关概念的区分

第一，从补贴的概念和分类来看，补贴分为多种，并非所有的补贴都符合《SCM 协定》的定义。无论是出口补贴还是国内补贴，都在补贴的范畴里。全部的补贴中只有一部分补贴受到 WTO 规则的规制，换言之，只有符合《SCM 协定》第 1 条所提出的三个要件的那部分研发支持政策才会受到规则的限制。通过前文分析可知，研发支持政策属于一种国内补贴，但从广义上讲，并非所有的研发支持政策都受到《SCM 协定》的规制。

第二，研发支持政策是补贴的一种具体形式，但不是所有的研发支持政策都受《SCM 协定》的规制。例如，一些研发支持措施可能是由私人部门主导的，政府没有授予或指示拨款的行为，就不能称其为财政资助，抑或没有实际利益和好处的

---

① "Committee on Subsidies and Countervailing Measures – Subsidies – New and full notifi-cation pursuant to article XVI: 1 of the GATT 1994 and article 25 of the Agreement on Subsidies and Countervailing Measures-United States," G/SCM/N/284/USA. 18 Novem-ber 2015.

授予同样也不具备补贴的要件。

第三，需要注意的是，本研究所指的研发支持政策包含了《SCM 协定》第 8 条"不可诉补贴"中的 WTO 研发补贴。这也就意味着，无论是可诉还是不可诉，只要符合 WTO 补贴定义的研发支持政策都在本研究范围内。下文将详细说明 WTO 规则中与研发支持政策相关的规定，我们也将从各成员的国内研发支持政策的角度来展开详细研究。

（三）WTO 框架

本书的研究对象是 WTO 框架下的研发支持政策。其中，"WTO 框架"需要从以下三个角度来理解。

一是将研发支持政策的概念界定在 WTO 框架内。如上文所述，研发支持政策即为符合《SCM 协定》中的补贴的定义的、对研究开发相关活动进行财政资助的政府行为或政府措施。

二是以 WTO 多边贸易体制为基础。本研究将在 WTO 这一范围内，对研发支持政策的国际规则框架进行全面研究，包括具体规则、谈判历程、补贴通报、争端解决案例中与研发支持相关的内容等。

三是本书研究了 WTO 主要成员的研发支持政策实践情况。一方面，各成员将按照 WTO 的规定履行补贴通报义务，这将构成搜集研发支持政策相关信息的重要渠道。另一方面，主要成员在世界经济和国际贸易中的地位和作用不容忽视，他们的研发支持政策具有广泛的代表性和典型性，能够从中研判国际规则改革的趋势，并为研发支持政策的制定提供思路。

第三章
WTO 框架下与研发支持政策相关的
国际规则

近年来，WTO 主要成员普遍实施了大量的研发支持政策。研发支持政策越来越多地作为一项促进和引导相关产业发展的贸易政策。然而，在 WTO 框架下，各成员应履行多边义务，国内政策应与多边贸易规则相协调，每个成员实施的研发支持政策都应受到 WTO 规则的约束。因此，本章详细研究了与研发支持政策相关的国际规则，主要是《SCM 协定》，包括规则的具体规定和释义、谈判历程和演进以及 WTO 研发补贴规则到期失效的原因。这些构成了与研发支持政策相关的国际规则框架。同时，鉴于 WTO 争端解决案例具有判例的性质，本研究进一步选取了与研发支持政策相关性最强的两个案例进行分析，即美国波音案和欧洲空客案。通过案例研究，一方面，从国际规则的角度出发，我们分析了研发支持政策的合规性问题；另一方面，我们将基于政策实践的角度，既分析研发支持政策所产生的经济影响，又研究研发支持政策的制定策略。

一　与研发支持政策有关的 WTO 的规则分析

WTO 规则没有直接给出研发支持政策的定义，最为相关的多边贸易规则为《SCM 协定》。研发支持政策作为补贴的一种，在一定程度上受到《SCM 协定》的规制。一方面，不可诉补贴（Non-Actionable Subsidies）中明确规定了与科研活动相关的一部分补贴支持可以被豁免，而其他与研发活动相关的财政支持仍然是可诉的，甚至是被禁止的。另一方面，研发支持政策也会受到《SCM 协定》中其他规则的约束。另外，虽然其他规定中没有与研发支持政策直接相关的规则，但在一些协议中暗含了支持研发活动补贴政策的相关规制，如《服务贸易总协定》（*General Agreement on Trade in Services*，GATS）、《与贸易有关的知识产权协定》（*Agreement on Trade-Related Aspects of Intellectual Property Rights*，TRIPs）以及其他诸边协议（Plurilateral Agreement）。尽管不可诉补贴作为《SCM 协定》的例外规定已经于 1999 年到期失效且目前尚未被激活，但这一条款并未完全被排除在多边贸易规则之外，存在重新适用的可能性，因而本章将从不可诉补贴规则入手，研究 WTO 规则对研发支持政策的约束和规制，进而全面梳理 WTO 各个协议中与研发支持政策相关的规则。

（一）与研发支持政策相关的 WTO 规则

1. 不可诉补贴

《SCM 协定》第四部分第 8 条规定了"不可诉补贴的确

认"，也就是给出了不可诉补贴的定义。本质上，不可诉补贴可以理解为是《SCM 协定》的例外。如果一成员采取的研发支持政策被认定是不可诉的，也就意味着该政策是符合 WTO 规则的，不能针对该政策提起 WTO 争端解决。

首先，在《SCM 协定》中，除了不具有专向性的补贴外，其第8.2款中的支持研发活动、落后地区发展与环境保护的补贴措施也都被认定是不可诉的。① 《SCM 协定》第8.2款（a）项中规定了与研发支持活动相关的不可诉补贴："尽管存在出口实绩和出口替代及不利影响，但对公司进行研究活动的援助或对教育机构或对科研机构与公司签约进行研究活动的援助是不可诉的。"②

其次，《SCM 协定》第8.2款（a）项也针对这类研发补贴给出了两个具体条件。第一个条件是对获得资助的比例进行限定。《SCM 协定》规定这一援助的比例应当"不超过产业研究（industrial research）成本的75%或竞争前开发活动（pre-competitive development activity）成本的50%"③。这一比例与产品的研发阶段相关，如图3-1所示。其中，"基础研究"指的是一般科技知识的补充，与工业生产和商业活动目标没有任何关系。④ 这样的基础研究活动应当是由政府主导的，对公司独

① "Article 8 of Agreement on Subsidies and Countervailing Measures," https://www.wto.org/english/docs_e/legal_e/24-scm_01_e.htm#articleⅧ/2020-1-3.
② 石广生主编《中国加入世界贸易组织知识读本（二）：乌拉圭回合多边贸易谈判结果法律文本》，人民日报出版社，2011。
③ "Article 8 of Agreement on Subsidies and Countervailing Measures," https://www.wto.org/english/docs_e/legal_e/24-scm_01_e.htm#articleⅧ/2020-1-3.
④ 石广生主编《中国加入世界贸易组织知识读本（二）：乌拉圭回合多边贸易谈判结果法律文本》，人民日报出版社，2011。

立进行的基础研究活动或对高等教育机构、科研机构与公司合作研究的活动进行财政援助，而由高等教育机构或研究机构独立进行的基础研究活动并不包含在内。在"产业研究"阶段，新产品或新技术需要进一步研究开发转换应用于产业和商业活动[①]，也就是那些可以用于开发新产品的新知识新技术的发现时期。当政府出资比例不大于 75% 时（见图 3 - 1 中的 B 区域），该部分资助所形成的补贴在多边贸易体制下就可以被豁免。而"竞争前开发活动"是指具有明显生产目的和商业目的、成果能够直接用于生产或商业活动的阶段。[②] 当政府补贴比例不大于 50% 时（见图 3 - 1 中的 D 区域），该部分的补贴政策也是不可诉的。"竞争前开发活动"指的是那些不能直接转化为产品上市的研发活动，如公司建立了一个模型，而这个模型无法转换成商业用途。这个定义体现了政府资助比例与研发活动进程的关系。在新产品或新技术的研发进程中，随着投入不断增加，产品也将上市并产生回报，而政府对于"100%基础研究、75% 的产业研究和 50% 竞争前开发活动"这样比例的补贴被认定是合法的。研发成果的直接应用性越强，资助比例就越低，也就意味着政府补贴尽可能少地干预市场活动。[③]第二个条件则是对研发活动支出的用途进行了限制。《SCM 协定》第 8.2 款（a）项第（Ⅰ）至（Ⅴ）条将此类研发活动限于五方面的支出：人事成本（研究活动中专门雇用的研究人

---

① 毛杰：《WTO 货物贸易多边补贴规则的法律问题研究》，浙江大学出版社，2016。

② "United Nations Development Programme," *Human Development Report* 2001: *Making New Technologies Work for Human Development*（Oxford Univ. Press, 2001）.

③ 毛杰：《WTO 货物贸易多边补贴规则的法律问题研究》，浙江大学出版社，2016。

员、技术人员和其他辅助人员）；专门和永久用于研究活动仪器、设备、土地和建筑物的成本；专门用于研究活动的咨询和等效服务的费用（如外购研究成果、技术知识、专利等费用）；因研究活动而直接产生的额外间接成本；因研究活动而直接产生的其他日常费用（如材料、供应品和同类物品的费用）。①政府的资助政策往往不仅仅应用于基础研究，还会横跨产业研究和竞争前开发活动。在这种情况下，不可诉援助的允许水平

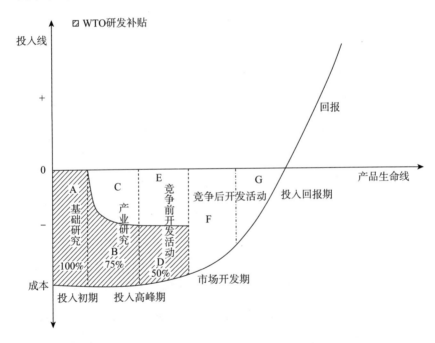

图 3 - 1　补贴与研发阶段的关系

资料来源：沈大勇、刘佳：《不可诉补贴的国际经济学分析》，《世界经济研究》2008 年第 3 期。

---

① 石广生主编《中国加入世界贸易组织知识读本（二）：乌拉圭回合多边贸易谈判结果法律文本》，人民日报出版社，2011。

不得超过根据上述第（Ⅰ）至（Ⅴ）条所列所有符合条件费用计算的、对上述产业研究和竞争前开发活动不可诉援助允许水平的简单平均数。[①] 因此，在《SCM 协定》中，只有同时满足资助比例和支出用途的研发补贴才能被认定为不可诉补贴。

《SCM 协定》对不可诉补贴的适用期进行了规定。其第 31 条"临时适用"规定，不可诉补贴应自《WTO 协定》生效之日起适用 5 年，SCM 委员会将在不迟于该期限结束前 180 天审议这些规定的运用情况，以期确定是否延长其适用，或按目前起草的形式延长或按修改的形式延长。[②] 也就是说，不可诉补贴规则有一个 5 年的有效期，在 1999 年底到期前，各成员应当讨论该条款后续的发展，要么继续适用或修改后适用，要么到期取消。很遗憾的是，在各方谈判中，并没有达成不可诉补贴的相关条款的继续适用意见，并彻底取消了这一条款的例外条款。因此，WTO 规定的研发补贴作为不可诉补贴的一种类型，已经被划归为可诉补贴。在目前仍然生效的《SCM 协定》中，与研发支持政策有密切联系的不可诉条款已不再适用，只能通过其他补贴规则来规制各成员政府的研发支持政策。但不可否认的是，成员们正在探寻 WTO 改革的方向，补贴规则也是各方的主要关注点之一，因而 WTO 研发补贴规则也存在重新被激活的可能性。

《SCM 协定》第 8.3 款和 8.4 款规定了不可诉补贴的程序

---

① 石广生主编《中国加入世界贸易组织知识读本（二）：乌拉圭回合多边贸易谈判结果法律文本》，人民日报出版社，2011。

② 石广生主编《中国加入世界贸易组织知识读本（二）：乌拉圭回合多边贸易谈判结果法律文本》，人民日报出版社，2011。

性规则，第 9 条规定了不可诉补贴的救济。在程序性规则中，第 8.3 款单独对不可诉补贴的通知义务进行了规定。该条款规定，各成员应当在实施一项补贴政策之前向 SCM 委员会进行告知。这种事前告知不同于第 25 条的事后通报，需要通报方在采取措施前就提交政策的详细信息。而这种政策信息的详细性还应与其他补贴通报保持一致。由于在实际操作中存在难度，从 1995 年 WTO 成立到 1999 年底不可诉补贴规则失效，SCM 委员会都没有收到来自任何成员的事前通知。

2. 可诉补贴

研发支持政策作为一种补贴措施，其实质也是政府的资助行为。无论该国政府提供的是直接还是间接的财政资助，都会受到《SCM 协定》的制约。鉴于不可诉补贴条款于 1999 年到期后尚未被激活，原属于不可诉补贴的三类具有专向性的补贴已经构成可诉补贴。可诉补贴指的是那些既不能被禁止也不能被豁免的补贴类别。也就是说，研发补贴已经全部成为不能被直接豁免的补贴。

根据《SCM 协定》，当一成员要对另一成员的补贴政策征收反补贴税或申诉至争端解决时，该补贴除了具有专向性外，还应具备 "不利影响"。《SCM 协定》第 5 条规定了三类不利影响："（1）补贴损害了另一成员的国内产业；（2）使其他成员根据 GATT 1994 获得的利益丧失或减损；（3）'严重侵害'了另一成员的利益。"[①] 简单来看，第 5 条确定的不利影响分别

---

① "Article 5 of Agreement on Subsidies and Countervailing Measures," https://www.wto.org/english/docs_e/legal_e/24-scm_01_e. htm#articleV/2020 – 1 – 3.

为损害（injury）、利益丧失或减损（nullification or impairment of benefits）及严重侵害（serious prejudice）。

对于第一类不利影响，当一成员认定他国的补贴措施损害了本国的国内产业，该成员可以单方面采取反补贴（counter-vailing）调查、征收反补贴税等措施。可以说，损害是 WTO 成员采取反补贴措施时必须证明的实体要素[1]，而确定损害则需要通过补贴在进口国市场上的影响来分析。这一影响会对生产同类产品（like product）的国内产业（domestic industry）造成确定的实质性损害（material injury）、潜在的实质性损害威胁（threat of material injury），或对国内产业造成实质性阻碍（material retardation）。[2]

对于第二类和第三类不利影响，受损害方只能通过多边贸易体制来寻求救济，即只能通过磋商程序或争端解决机制而不能擅自采取单边行动。[3] 其中，对严重侵害的确定与损害相似，主要是关注一成员的出口利益受到补贴影响时的情况，即需要确定受严重侵害方在第三国市场或世界市场份额的影响。而在实践中，对严重侵害的确定是十分复杂的。《SCM 协定》第 6条（第 6.1 款至第 6.9 款）实际上对如何确定严重侵害做了专门的规定。其中，第 6.1 款规定了推定存在严重侵害的 4 种情况。该条款与不可诉补贴条款一样存在"临时适用"，均在实

---

① 甘瑛：《WTO 补贴与反补贴法律与实践研究》，法律出版社，2009。
② "Article 15 of Agreement on Subsidies and Countervailing Measures," https://www.wto. org/english/docs_e/legal_e/24-scm_02_e. htm#articleXV; "Article 16. 1 of GATT 1994," https://www. wto. org/english/docs _e/legal _ e/gatt47 _01 _ e. htm # article XⅥ/2020 - 1 - 3.
③ 甘瑛：《WTO 补贴与反补贴法律与实践研究》，法律出版社，2009。

行了 5 年后到期失效，也是各方针对补贴条款进行磋商的争议点之一。第二类不利影响的"利益丧失或减损"主要是指成员在 GATT 1994 项下直接获得或间接获得的利益的丧失或减损。这就是所谓的"非违法之诉"（Non-Violation Complaint），它并不以被诉方是否切实违背条约义务为审查对象，而是考虑被诉方的合法的政府行为是否实际"抵消或损害"了"合法预期的利益"①。对于补贴来说，可以简单理解为：某成员认为，自身本应获得的市场准入得到改善的机会，受到另一成员的补贴的影响，这种预期被削弱了，即认为自身的预期利益被损害了。关于"非违法之诉"的条款主要规定在 GATT 1994 第 23 条第 1 款中，经常在 WTO 争端解决中出现。

鉴于我们对研发支持政策的研究限于那些受《SCM 协定》管制的、一国政府或公共机构对研究开发相关活动进行财政资助的行为或政策，在不可诉补贴条款失效后，这类研发支持政策都被归为可诉补贴的范畴。因而在考虑研发支持政策与 WTO 规则一致性和冲突性的时候，需要按照《SCM 协定》对补贴的界定及可诉补贴的相关规则进行详细分析。

根据 WTO 规则，各成员应履行通报（Notifications）义务。《SCM 协定》第 25 条规定，各成员应当在每年的上半年向 WTO 进行补贴措施的通报，并且对相关政策的通报内容应当具体描述。在各国提交的通报文件中，一条补贴通报应当包括某一政策是通过何种具体形式进行的补贴，单位的补贴量是多少或年度预算总额等补贴量的信息，该政策的目标和补贴的目

---

① 苏欣：《论非违法之诉》，吉林大学硕士学位论文，2005。

的所在，进行补贴的期限情况如何，还需要提供相关统计数据用以评估补贴的贸易影响，以及补贴给到的具体产品和部门的编号等信息。补贴通报是了解一国研发支持政策的重要渠道，每个成员都有义务也有责任向 SCM 委员会通报本国每一年的研发支持政策实践情况。本研究也将基于 WTO 通报来研究主要成员的研发支持政策。从美欧补贴通报的实践来看，大部分研发支持政策的信息较为客观完整，甚至还包含了某一研发基金的筹措机制、竞争性选择补贴对象机制、基金使用情况，但是对贸易的影响方面的信息有所缺失，存在通报不完全的情况。本研究将在第四章具体分析。

3. WTO 其他协定相关规则与研发支持政策的关系

（1）与 GATS 的关系

在 WTO 规则中，研发活动与《服务贸易总协定》有着密不可分的联系。一方面，研究与开发活动不可避免地会与跨境交付（Cross-Border Supply）、自然人流动（Movement of Natural Persons）甚至商业存在（Commercial Presence）有重叠的部分。另一方面，在服务贸易分类中，研究和开发服务归属在专业服务项下。研发活动本身的特殊性就决定了它既与货物贸易相关，也与服务贸易有交集。那么 GATS 有关服务补贴的规则也将会在一定程度上规制政府针对研究开发活动进行的财政资助。GATS第 15 条的规定已经指出补贴可能会对服务贸易产生一定的扭曲作用，也意味着在多边层面加强服务补贴纪律的重要性和必要性。但是该条款只是一种提议，并没有形成对服务补贴进行约束的有效规则。当前，WTO 针对服务补贴的谈判还停留在是否需要建立服务补贴的多边贸易规则、服务补贴如何界定等基本问题上。因而 GATS 对研发支持政策没有具体的规定。

（2）与 TRIPS 的关系

虽然研发活动与知识产权关系密切，但研发支持政策本身不受《与贸易有关的知识产权协定》的制约。在本书所研究的研发支持政策中，尚未涉及知识产权的问题。

（3）与其他诸边协议的关系

一是 1979 年订立的《民用航空器协定》（*Agreement on Trade in Civil Aircraft*）。该协定第 6.1 款明确规定了《SCM 协定》对于民用航空器（又被称作"大飞机"）的适用性，但各国政府在采取支持政策的同时，应当尽力避免产生"不利影响"。民用航空器这一产业部门的特殊性导致了政府资助政策的广泛性，因而该诸边协定认为这类支持政策本身并不应该被看作一种贸易扭曲。加入《民用航空器协定》的各签署方仍然持鼓励航空技术不断发展的态度。因此，在与大飞机相关的补贴争端中，要考量这一诸边协定的作用。

二是《政府采购协定》（*Agreement on Government Procurement*，GPA）。如前文所述，"财政资助"包含了政府购买货物或服务的情况，但这一政府购买行为与 GPA 所指的政府采购有本质区别。政府采购是基于等价原则的政府购买行为，一般通过竞争性方式集中采购商品或服务。① 在这种情况下，政府并没有通过低价购买或高价购买的手段为企业提供利益，因而不构成财政资助，也就不属于补贴的范畴。政府进行采购并不是为商品或服务的卖

---

① 史丁莎：《我国加入 GPA 谈判背景下的政府补贴问题研究》，《中国政府采购》2014 年第 8 期。

方提供利益，GPA 也重点关注政府采购行为是否遵守了非歧视原则。[1] 因此，即便通过政府采购的形式对科研服务、技术服务、研究成果等进行等价采购，没有给予卖方降低购买成本或增加收益的"利益"，其也不属于《SCM 协定》规制的补贴范畴。

综上所述，本研究所讨论的研发支持政策主要受到《SCM 协定》以及诸边协议中的《民用航空器协定》的规制，其他多边和诸边协议均不属于我们的研究范围。

（二）WTO 不可诉补贴规则的演进

如前文所述，WTO 不可诉补贴规则是《SCM 协定》中与研发活动支持政策最密切相关的条款，它将研发支持政策的一部分划归到不可诉补贴的范畴。也就是说，在 WTO 框架下，不可诉补贴规则是给予研发支持政策豁免权的唯一条款，这对各成员开展研发创新活动具有重大意义。但非常遗憾的是，这个条款在构建之初即规定了有效期，在实行 5 年后到期失效，至今一直没有被激活。自此之后，对于研发支持政策的可诉性判定只能通过其他条款来实现。本研究将探究 WTO 研发补贴规则从订立到取消的前因后果，分析它失效的原因，并找寻该规则未来的发展方向。乌拉圭回合谈判中关于不可诉补贴的关键性主张如表 3 - 1 所示。

1. WTO 研发补贴规则的建立

（1）第一阶段：是否建立不可诉补贴规则、研发支持政策能否被豁免

---

① 王庆湘：《WTO 实践中补贴认定的要素分析》，《时代法学》2010 年第 3 期。

表 3-1 乌拉圭回合谈判中关于不可诉补贴的
关键性主张

提案方	主张	时间	意义
美国	严格补贴纪律,限制各种形式的出口补贴和产业政策	1987 年 3 月	美国是加强补贴纪律的主要代表,反对三分法
欧盟	支持补贴分类,建议建立不可诉补贴清单	1987 年 6 月	支持建立不可诉补贴的代表
日本	支持将研发补贴作为一种不可诉补贴	1987 年 8 月	将研发补贴纳入不可诉补贴清单
哥伦比亚	以有效补贴率或更合理的方法作为补贴分类标准	1987 年 11 月	提出如何确定不可诉补贴的问题
瑞士	重申"三分法",将"交通灯"分类框架引入补贴分类中,分别用红灯、黄灯和绿灯代表禁止性补贴、可诉补贴和不可诉补贴	1988 年 2 月	确立了补贴分类的谈判基础
加拿大	具有普遍可获性的补贴应被划为不可诉补贴,包括研发补贴;提出不可诉补贴的特别保障程序	1989 年 6 月	支持将研发援助计划也归入不可诉补贴的范畴
瑞士	提出了应当以专向性来区分补贴是否可诉,给出了不可诉补贴的定义和详细清单	1989 年 9 月	将不可诉补贴的概念具象化
美国	美国转向同意"三分法",建议应明确界定研发补贴哪些部分不可诉	1989 年 11 月	美国转而支持建立不可诉补贴规则,并对研发补贴相关规则提出要求,谈判逐渐达成一致

续表

提案方	主张	时间	意义
芬兰、冰岛、挪威和瑞典	提出了不可诉补贴定义、详细清单，对不可诉的研发补贴进行界定，建议建立保障机制	1989年11月	深化和细化了研发补贴规则
主席报告	对于虽有专向性，但针对地区发展、环境保护、技术研发、促进就业的补贴应当被豁免	1990年7月	给出了"第8条不可诉补贴"草案，标志着不可诉补贴规则的初步建立

资料来源：WTO官网，由作者整理得出。

最初，谈判出现了两种截然不同的声音。美国强烈要求应当更加严格地限制补贴，既要扩大禁止性补贴的范围，又要对全体成员一视同仁，不能给予发展中成员特殊待遇。这种不接受不可诉补贴的成员方，本研究将其称为"反对派"。以欧盟和瑞士为代表的另一方构成了"支持派"。他们建议，应根据补贴的具体性质分为禁止性补贴、可诉补贴和不可诉补贴，即所谓的"三分法"。尽管大多数成员支持将不可诉补贴单独分类，但在最初的谈判过程中无法确定具体的定义和名称。例如，各国提案中对不可诉补贴的提法不尽相同，其又被称作不可抵消补贴、不可采取行动的补贴，或文字描述为不能采取反对措施的补贴政策。并且，谈判中也没有统一研发补贴的说法，研究和发展计划、研究发展援助或文字解释为对技术的支持均指的是研发补贴。

"支持派"对不可诉补贴规则的建议。"支持派"以补贴的正向作用为出发点，认为并非所有的补贴都具有贸易扭曲效应。正是市场失灵才导致大多数补贴的存在，而非补贴引起了市场失灵。[①] 当外部经济引起的社会成本和私人成本之间存在差异时，补贴可以被认定是正当的、合法的。特别地，"最不发达成员的代表孟加拉国提出，鉴于补贴是最不发达经济发展的重要组成部分"[②]，应当给予特殊差别待遇，给这些成员一定的补贴政策空间。最不发达成员代表团提出，GATT 应把所有最不发达成员采取的补贴政策视为不可诉补贴，包括出口补贴。

在发达成员中，欧盟和瑞士是不可诉补贴的主要拥护者。欧盟在 W/7 提案[③]中指出，应当讨论补贴的定义及如何区分具有贸易扭曲效应的其他措施，通过明确补贴的定义来判定是否可以采取反补贴措施，从而减少甚至避免贸易救济手段的滥用。在 W/7 提案中，欧盟首次提出了对不可诉补贴的初步分类，包括普遍可获得补贴、针对地区劣势的平衡性补贴、给予公司恢复合理经济行动的补贴。当然，直接针对公司发展的援助政策的补贴应当减少国际市场上贸易扭曲现象，而不是产生新的负面影响。同时，欧盟提议应当建立不可诉补贴的详细清单，对各类不可诉的情形进行准确的说明。可以看出，欧盟不仅对 GATT 现有准则带来的对反补贴措施的滥用行为不满，还

---

① "Negotiating Group on Subsidies and Countervailing Measures – Brazil Communication from Brazil," MTN. GNG/NG10/W/24. 10 November 1988.

② "Negotiating Group on Subsidies and Countervailing Duties – Proposals on Behalf of the Least-Developed Countries – Communication from Bangladesh," MTN. GNG/NG10/W/28. 13 November 1989.

③ "Negotiating Group on Subsidies and Countervailing Measures – Communication from the EEC," MTN. GNG/NG10/W/7. 11 June 1987.

认为将补贴"一刀切"地认定为禁止性补贴是不切实际的。只有对补贴进行科学客观的分类，才能让 GATT《补贴守则》继续发挥有效作用。

瑞士的建议最具里程碑意义，甚至成为后期美国和欧盟进行不可诉补贴具体规则谈判的重要参考。瑞士认为东京回合谈判达成的《补贴守则》过于复杂、难以管理甚至在实践中的效果有限，急需一个明确的分类来简化原有规则、加强补贴纪律。瑞士提交的第一份提案①给出了禁止性补贴、可诉补贴及不可诉补贴三个分类，并对不可诉补贴划定了一个模糊的范围。不可诉补贴是那些既不能对其征收反补贴税也不能采取其他的针对性政策或行动的补贴，它不应该受到任何反对措施的限制。也就是说，鉴于这类补贴政策的不可诉性质，即便缔约方受到了负面影响，也必须履行"容忍"义务。这个版本的提案中列举的不可诉补贴仅是具有公共政策性质的补贴，如针对公共交通或结构调整的补贴。这种方法来自交通灯体系，即红灯、黄灯和绿灯。红灯补贴代表完全禁止采取的禁止性补贴，绿灯补贴代表完全能够放行的不可诉补贴，而黄灯补贴代表了需要进一步判定、可以采取反补贴措施的可诉补贴。这份提案受到多数成员的支持，并为该轮有关补贴定义的谈判建立了基础框架。瑞士的第二份提案更为明晰，在交通灯分类框架的基础上给出了每一类补贴的概念、认定标准和示例清单等具体规则。

---

① "Negotiating Group on Subsidies and Countervailing Measures-Communication from Switzerland," MTN. GNG/NG10/W/17. 1 February 1988.

另外，日本、加拿大、哥伦比亚、埃及、芬兰、冰岛、挪威、瑞典等均与欧盟、瑞士持有相同观点，认为应该分类建立禁止性补贴、可诉补贴及不可诉补贴的规则。哥伦比亚①认为东京回合的《补贴守则》过分强调效果导向，从而导致了反补贴措施的滥用。并且，这些反补贴行动集中"攻击"了那些简单使用出口补贴的国家，使那些复杂的国内补贴政策成为漏网之鱼。因此，要想明确补贴与反补贴规则的适用规范，首先应当区分允许和禁止的界限。基于此，哥伦比亚代表团建议，可以根据有效补贴率（Effective Subsidy Rate，ESR）的概念给出三类补贴的详细清单。其中，当补贴政策的 ESR 为正时将其归入可诉补贴清单，ESR 为零时则为不可诉补贴。当然，ESR 只是列举说明的一种方法，各方亦可以讨论其他相关的概念和方法把类似的普遍提供、区域发展、政府成本、具有发展目标或其他做法列入不可诉补贴清单。并且，对补贴分类的测试方法应区别于确定补贴损害的量化方法。

值得注意的是，补贴金额计算专家组一直在探寻研发援助这类政策在什么样的情况下可构成可诉补贴，以及又该如何建立确定补贴金额的计算标准。② 部分国家也开始关注研发支持政策的不可诉性质，并提出了在有关不可诉补贴清单中应包含研发补贴的建议。日本在该轮谈判中首次提到了与研发相关的

---

① "Negotiating Group on Subsidies and Countervailing Measures – Communication from Colombia," MTN. GNG/NG10/W/13. 9 November 1987.

② "Negotiating Group on Subsidies and Countervailing Measures – Problems in the Area of Subsidies and Countervailing Measures – Note by the Secretariat," MTN. GNG/NG10/W/3. 17 March 1987.

产业政策。其在编号为 W/8 的提案①中建议，本轮谈判中应当首先明确什么是可以采取反补贴措施的补贴，才能更好地界定反补贴税。日本代表团认为，成员们不应笼统地讨论何谓产业政策，如研发计划等相关措施，而应在必要的情况下用更加明确的术语来界定。埃及向谈判小组提交的 W/14 提案②也提议，新的规则应当将不涉及政府财政资助和没有贸易扭曲效应的补贴划为不可诉补贴。同时，多边体制应对实施研究发展计划之类的政府的具体行为进行审查，来确定其是否构成不可诉补贴。

以美国为代表的"反对派"主张不能豁免任何补贴政策，包括各类研发计划。美国是第一个提交建议的成员，也是主张制定严格补贴规则的国家之一。W/1 提案③直接指出东京回合谈判没有很好地加强补贴纪律。正是由于对 GATT《补贴守则》中的重要内容没有达成一致，对补贴纪律较为宽松，才加剧了贸易扭曲，从而助长了贸易摩擦。因此，GATT 应进一步采取明确和准确的禁令，禁止成员使用国内补贴和实质上同等形式的政府援助措施。④ 钢铁和农业部门就是一个具体的例子，这两个产业所经历的问题完全证明了国内补贴的扭曲作用和负面影响。

---

① "Negotiating Group on Subsidies and Countervailing Measures – Communication from Japan," MTN. GNG/NG10/W/8. 12 August 1987.

② "Negotiating Group on Subsidies and Countervailing Measures – Communication from Egypt," MTN. GNG/NG10/W/14. 30 November 1987.

③ "Negotiating Group on Subsidies and Countervailing Measures – Communication from the United States," MTN. GNG/NG10/W/1. 16 March 1987.

④ "Negotiating Group on Subsidies and Countervailing Measures – Communication from the United States," MTN. GNG/NG10/W/20. 15 June 1988.

美国对"三分法"持有严重保留态度，这实际上就是对以"交通灯"分类框架对补贴进行分类的方法的否认。主要原因有以下三个方面。一是考虑到政府主观上的规避问题。如果建立了三类补贴的标签，本应属于禁止性补贴的国内措施经过简单改变或重新定义，就被重新"包装"成一条合法的、被允许的补贴。二是补贴的"表面目标"不应决定其在 GATT 中的地位，换言之，美国认为不能从一项补贴政策的目标来判定其是否构成不可诉补贴。假设一条规则对生产补贴严令禁止，却允许研发补贴的存在，当政府以扩大生产为目的进行整个行业的研发投入时，这在实质上已经构成了一种禁止性补贴。在此类情形下，美国认为将研发补贴设为不可诉补贴是荒谬无效的，这样的规则设置依旧无法避免研发补贴对贸易的扭曲效应。三是补贴的目标和实际效果还是存在差异的，目前根本无法划定禁止性补贴和不可诉补贴的界限。

美国代表团还对产业政策提出了质疑，也要求 SCM 委员会对这类政策严肃处理。他们认为，一些国家采取的针对特定产业的"出口导向型"产业政策带有补贴的性质，甚至损害了他国的合法权利和经济利益，因而建议谈判小组应对其目标进行审查。另外，产业政策目标锁定问题也十分普遍和严峻。一旦某个产业被政府锁定，那么乘数效应就会发挥作用，商业银行和其他服务机构可能会给予该产业更多优惠待遇，如在计算机和电子等高技术产业中较为突出。正是这类产业政策的存在，不可诉规则的建立很大程度上会成为一个难以规制的灰色区域，让各国政府采取偷梁换柱的方式，以不可诉补贴为名、行产业支持政策之实。

可以说，作为"反对派"的美国，对研发补贴的态度是零容忍的。美国认为，无论什么样的补贴政策，都应该受到规则的管制和约束。政策的目标更不应该是这些政策被豁免的理由。只有严格限制各国的补贴政策和产业政策，才能更有利于自由贸易和公平贸易。此时，"支持派"各方还没有对研发补贴进行界定，只是笼统地提出了研究和发展计划（research and development programs），更没有提出有效规制研发补贴的具体规则。

（2）第二阶段：建立不可诉补贴清单、界定研发补贴

直到 1989 年，不可诉补贴谈判才有了实质性进展，各国提案中开始构建三类补贴的框架，逐渐形成各类不可诉补贴的实体性和程序性规则的建议，也具象化了研发补贴的初步概念，甚至给出了详细清单的建议。

加拿大将不可诉补贴纳入谈判框架，给出了具体的不可诉条件和特别保障程序。加拿大代表团主张将研发援助计划也归入不可诉补贴的范畴，因为具有普遍可获得性（generally availability）的补贴不应受到任何行动的威胁，这类补贴包括社会援助、公共福利、教育、保护环境、国家形象及救助自然灾害等不会扭曲贸易的计划和方案。① 此外，如果一项研发支持政策虽然已经被认定是可以豁免的，却给另一成员带来了不利影响，那么应通过不可诉补贴的特别保障程序来处理。这个程序应允许不可诉补贴政策进入调查或争端解决程序中，或政策执

① "Negotiating Group on Subsidies and Countervailing Measures-Framework for Negotia-tions-Communication from Canada," MTN. GNG/NG10/W/25. 28 June 1989.

行国应事先通知，由多边贸易体制的专家组来确定其是否为不可诉的补贴政策。

瑞士在"三分法"的基础上，明确了各类补贴的实体性和程序性规则，建设性地提出了应当以专向性来区分具体的国内补贴措施。瑞士提供的不可诉补贴清单包括六种援助计划，分别是对产业结构调整、环境、研发、区域发展、文化价值促进和就业调整的援助。其中，研发援助计划作为不可诉补贴的前提是：研究结果应被立即公布或以其他方式免费提供，或外国企业与国内企业能够以同样的基础条件获得该研究结果。[①] 同时，瑞士又提出，对不超过总成本 50% 的研发计划进行的援助应视为不可诉补贴。

瑞士在此份提案中指出美国用于界定补贴的量化标准是十分有效的，也对"国内产业政策能够替代出口补贴"这一论断表示赞同，但只要用足够客观的标准来界定，不可诉补贴规则也是有意义的。鉴于"支持派"出现了微小的妥协与让步，美国的态度也发生了转变，尽管美国还继续坚持认为不可诉补贴规则本身具有缺陷，但已经从坚决反对制定不可诉补贴规则转向积极讨论"三分法"的具体规则，并初步构建了不可诉补贴的清单。虽然这份清单不够详尽，只是笼统地描述了美国认为能够免于反补贴的国内产业政策，但标志着此轮补贴与反补贴谈判的重大进展，也为新规则诞生打下了基础。

此外，美国的 W/29 提案对如何处理研发补贴问题提出了质

---

① "Negotiating Group on Subsidies and Countervailing Measures Elements of the Framework for Negotiations – Communication from Switzerland," MTN. GNG/NG10/W/26. 13 September 1989.

疑：政府对研发项目的支持力度多大，资金是用于基础研究、应用研究还是开发，是为通用研究和开发（generic research and development）提供资金，还是为可能无法实现的技术提供支持，研究和开发的结果是不是公开的且所有人都能及时获得。[①]这些质疑对明确可以被豁免的研发补贴的定义提出了要求。

　　紧接着，北欧国家（the Nordic Countries）[②] 代表团提出了较为完善的不可诉补贴定义，并在不可诉补贴的详细清单中对研发补贴进行了进一步的释义。首先，北欧四国将不可诉补贴分为两类：一类是具有一般可获性的补贴，如不具有产业专向性和企业专向性的公共服务援助及出口促进资助、国家普适性税收减免等；另一类则是已经很具体的不妨碍公平竞争的援助措施，对竞争前阶段的研发援助（R&D Aid）也应当被看作一种不可诉补贴。其次，应建立不可诉补贴多边救济的"安全阀"（Safe Valve）机制。[③] 在多边贸易规则中，即便是某成员受到了此类补贴的不利影响，也应首先履行"容忍"义务，不能采取单边的报复行动，该成员只能申请进入争端解决程序，申诉某项补贴政策在事实上的不可诉。这与瑞士和加拿大的提案一脉相承，并提出了行之有效的方法来给予不可诉补贴豁免资格，在一定程度上保障了成员的利益。

---

① "Negotiating Group on Subsidies and Countervailing Duties – Elements of the Framework for Negotiations – Submission by the United States," MTN. GNG/NG10/W/29. 22 November 1989.

② 北欧国家指的是芬兰、冰岛、挪威和瑞典，这四个国家组成了一个代表团提交提案。本研究也称之为北欧四国。

③ "Negotiating Group on Subsidies and Countervailing Measures – Elements of the Framework for Negotiations – Submission by the Nordic Countries（Finland, Iceland, Norway, Sweden），" MTN. GNG/NG10/W/30. 27 November 1989.

在研发补贴具体定义方面，各国逐渐达成一致。欧盟①已经明确了要列出不可诉补贴的详细清单，坚持将结果已经公布且可以不受限制的加以利用或在工业或商业开发之前的产品研发援助设定为不可诉的研发补贴。北欧四国认为，对研究、开发和创新的援助政策应当作为不可诉清单的第一条，并且应注意以下几方面的定义。第一，这类政策的目的应当是明确促进竞争前阶段的研发活动。第二，政府援助的比例应不超过项目成本的50%或用达到同等效应的差别税率来计算比例。第三，政府资助的比例应该与研发活动的阶段相关。基础研究部分应获得更多资助，而离技术和产品投放市场的阶段越近，补贴力度应该越小。

（3）第三阶段：起草框架文本，各方就不可诉补贴达成一致

随着谈判进入后期，各方的一致性意见凸显，当时的补贴与反补贴措施谈判小组主席卡特兰也起草了法律文本②，确立了《SCM 协定》的初步框架。这份文件草案直接把第 8 条作为不可诉补贴的实体性和程序性规则。第一，在界定方面，不具有专向性以及对区域发展、研发活动、环境保护和就业支持方面的援助应被划为不可诉补贴。第二，应严格设定这些不可诉补贴的执行期限。谈判小组认为，不可诉补贴政策不能被无

① "Negotiating Group on Subsidies and Countervailing Measures – Elements of the Negotiating Framework Submission by the European Community," MTN. GNG/NG10/W/31. 27 November 1989.

② "Negotiating Group on Subsidies and Countervailing Measures Status of Work in the Negotiating Group – Report by the Chairman to the GNG," MTN. GNG/NG10/W/38. 18 July 1990.

限期地执行，应设定条款规定这些拨款不能超过一定期限，且应在拨款期内呈逐渐递减趋势。第三，不可诉补贴的事前通报是十分必要的。如要采取此类措施，成员应把包括执行情况在内的所有详细资料提前递交至 SCM 委员会。若在一个月之内没有其他成员提出反对意见，对其损害或严重侵害贸易利益进行确认，则表明此项不可诉补贴成立。可以看出，谈判小组对待不可诉补贴的态度较为严谨，既解释了定义，又对一些程序性规则做了初步设定。

北欧四国的提案将谈判过程中关于研发补贴规则的讨论进行了深化和细化，卡特兰主席的草案也十分明确，一些实体性规则已经与 WTO 研发补贴规则非常接近，奠定了《SCM 协定》第 8 条规则形成的基础。事实上，除了以欧洲国家为代表的成员坚持外，美国的态度也起到了至关重要的作用。在东京回合谈判阶段，美国曾尝试提出把不可诉补贴纳入补贴规则的安全港（safe harbor），随后放弃了。[①] 直到乌拉圭回合谈判才由欧盟提出此要求。"卡特兰文本"中原本包含四类具有专向性的不可诉补贴，但由于美国和其他成员的反对，最终只剩下 3 个类别的不可诉补贴。克林顿上台后，美国的国内支持政策超越了其最先提出的主张，从而反过来希望通过谈判来提高研发补贴的比例、扩大政府资助的范围。[②] 特别是在 20 世纪 80 年代，基于战略性贸易保护政策理论，美国逐渐认可研发支持政

---

① Winham, G. R., *International Trade and the Tokyo Round Negotiations*, *Princeton*（NJ: Princeton University Press, 1986）.

② Stewart, T. P., ed., *The GATT Uraguay Round*: *A Negotiating History*（1986 - 1994）（New York City: Kluwer Law and Taxation Publishers, 1993）: 232 - 233.

策的合法地位，对多边框架下不可诉补贴规则的态度发生转变，从坚决反对设置安全港到希望设立不可诉补贴清单，从而能够从多边贸易体制方面豁免本国大量实施的研发计划。这一转变推动了乌拉圭回合谈判的和解。至此，各方就不可诉补贴的界定、研发补贴规则的确立已经初步协商一致。除了不具有专向性的补贴外，《SCM 协定》第 8 条还将三类具有专向性的补贴列为不可诉补贴，分别是研发补贴、地区补贴和环境保护补贴。

2. WTO 研发补贴规则的发展情况

（1）不可诉补贴条款到期失效

《SCM 协定》第 31 条对不可诉补贴规定了"临时适用"期限。不可诉补贴应自 WTO 生效之日起适用 5 年，SCM 委员会将在不迟于该期限结束前 180 天审议这些规定的运用情况，以期确定是否延长其适用期，或按目前起草的形式延长或按修改的形式延长。也就是说，不可诉补贴有 5 年的有效期，在 1999 年底到期前，各成员应当开展讨论，决定是否继续采用该条款。WTO 研发补贴作为不可诉补贴之一，并没有得到延长适用。

实际上，SCM 委员会在 1998 年就关注到不可诉补贴即将到期的问题，并组织了非正式磋商以征求各方意见，确定如何进行不可诉补贴条款的审议工作，并将审议不可诉补贴的适用情况作为 1999 年历次例会的议题之一。[①]

在 1999 年 11 月 1 ~ 2 日的例会上，各成员对这一议题存

---

① 朱庆华：《SCM 协议不可诉补贴条款简析》，《世界贸易组织动态与研究》2007 年
第 2 期。

在很大的分歧。一方面，诸多发展中成员（巴西、印度、马来西亚、巴基斯坦、多米尼加等）抵制第 8 条。他们认为不可诉补贴主要体现的是发达成员的利益，只有对原有条款进行修改，更加体现发展中成员利益，才能考虑其延长适用的问题。①

发展中成员在西雅图部长会议宣言草案文本中详细说明了修改建议。这些成员建议，应将发展中成员的一些禁止性补贴纳入不可诉补贴清单，包括为实现合理发展而采取的一些政策措施，例如对区域发展、技术研究的援助，对多元化、环境友好型方式、高技术和高附加值产品的生产补贴等。② 另一方面，以美国、欧盟、加拿大为代表的发达成员认为这一条款应当延长适用期限，即便有需要修改的地方也应纳入新一轮谈判的议题中，以保证原有条款的完整性。③ 随后，WTO 总理事会议提出，应将 1999 年底到期的一些条款如何解决的问题直接纳入西雅图部长会议后续的磋商中。④ 可以说，这一建议是典型的"抓大放小"，是集中主要力量攻克当时主要磋商问题的有效决策。SCM 委员会主席也在特别会议上建议各成员应临时同意延长不可诉补贴的适用期限，美国、欧盟和瑞士表示支持，而印度、墨西哥、马来西亚、埃及、巴基斯坦、泰国等发展中成员

---

① "General Council-Minutes of Meeting-Held in the Centre William Rappard on 17 December 1999," WT/GC/M/52. 3 January 2000.

② "［General Council］-Preparations for the 1999 Ministerial Conference-Ministerial Text: Revised Draft," JOB（99）/5868/Rev. 1. 19 October 1999.

③ "General Council-Minutes of Meeting-Held in the Centre William Rappard on 17 December 1999," WT/GC/M/52. 3 January 2000.

④ "Minutes of the Meeting Held in Centre William Rappard on 17 December 1999," WT/GC/M/52. 3 January 2000.

继续反对并坚持休会。① 各方成员并没有就是否延长第 8 条达成一致，不可诉补贴实际上从 2000 年 1 月 1 日开始失去法律效力。鉴于多次磋商未果，随后召开的例会都没有把延长不可诉补贴规则的适用期问题提上议程。

（2）多哈回合关于 WTO 研发补贴规则谈判的新发展

2001 年开启了多哈发展议程（Doha Development Agenda, DDA），更多的发展中国家加入谈判，也有更多与发展中成员切身相关的问题被纳入议程。多哈回合谈判是 WTO 不可诉补贴恢复效力的良好时机，经济上的合理性和法律上的必要性已经使大多数成员支持这一条款。②

从各方提交的建议来看③，美国、欧盟、瑞士、加拿大、波兰、智利、墨西哥、韩国、捷克、土耳其、以色列等认为延长 WTO 研发补贴规则的适用期是十分有必要的。这些国家和地区大多数是发达成员和一些有较高收入的发展中成员。美国认为《SCM 协定》设立的规则是针对全体成员的，从第 8 条规则中受益的也不只是发达成员。瑞士指出第 8 条不可诉补贴规则的使用时间较短，建立相关制度的时间会比预期更加漫长，应当延长适用期限以观后效，而非即刻改变已经商定的规则框架。与第 8 条同样具有临时适用期限的还有第 6.1 款和第 9 条，瑞士认为同时取消这些条款会打破补贴规则既定的平

---

① "Committee on Subsidies and Countervailing Measures-Minutes of the Special Meeting Held on 20 December 1999," G/SCM/M/22. 17 February 2000.

② 毛杰：《WTO 货物贸易多边补贴规则的法律问题研究》，浙江大学出版社，2016，第 248 页。

③ "General Council-Minutes of Meeting-Held in the Centre William Rappard on 17 December 1999," WT/GC/M/52. 3 January 2000.

衡，甚至出现规则漏洞，使 WTO 的可预见性降低。加拿大也支持延长，并认为如果废弃第 8 条，不仅造成了《SCM 协定》的不完整，还是补贴规则的倒退。这些成员所支持的延长适用期限并不是一成不变的，多数成员提出不应直接取消，而应一边"延长"，一边"谈判"，直到新规则的产生。

另有少数发达成员（新西兰和澳大利亚）和诸多中低收入的发展中成员（巴西、多米尼加、马来西亚、菲律宾、巴基斯坦、印度等）反对延长第 8 条所载不可诉补贴的适用期。新西兰认为，第 31 条所列的有临时适用期限的条款使用率非常低，可能条款本身就无法产生作用，WTO 没必要坚持使用毫无用处的此类条款。澳大利亚主要是不同意延长第 6.1 款所规定的严重侵害推定条款的适用期限，因而不同意延长第 31 条所列的有临时适用期限的条款，包括不可诉补贴条款。菲律宾提出，第 8 条是专门针对发达成员设立的条款。印度、巴西、巴基斯坦和马来西亚作为反对延长的发展中成员的代表，提出如要延长适用第 8 条，应当把符合发展中成员利益的所有补贴都纳入不可诉补贴清单，甚至包括一部分禁止性补贴；彼时的 WTO 研发补贴规则只包含符合发达国家利益的补贴措施，破坏了补贴规则的平衡，应当被废除。[①]

这些主张体现了各成员的分歧，各方关于是否延长适用不可诉补贴规则的谈判也毫无进展。从 21 世纪初到 2008 年金融危机前后，DDA 关于研发补贴谈判的进展甚微。[②] 甚至

---

① Mah, J. S., "R&D Promotion Policies of Developing Countries and Fairness in International Trade Relations," *Journal of Economic Issues*, 2015, 49（1）: 179 - 196.

② Gallagher, K. P., "Understanding Developing Country Resistance to the Doha Round," *Review of International Political Economy*, 2008, 15（1）: 62 - 85.

到巴厘部长级会议通过"一揽子"协定时，部长宣言都没有提及研发补贴。

（三） WTO 研发补贴规则失效的原因分析

不可诉补贴对于世界经济的发展具有非常积极的作用[①]，并且研发补贴规则的正外部性和公共良好特性得到了 WTO 的肯定。[②] 可以说，WTO 研发补贴本身存在经济上的合理性，规则也在法律层面由《SCM 协定》进行了实践。WTO 规则本身是客观的，却在建立规则、协商一致时包含了太多主观因素。WTO 研发补贴规则失效的原因并不是政府支持研发活动政策本身的问题，更大程度上是由 WTO 成员利益较量导致的。

1. 不可诉补贴规则具有先天不稳定性

《SCM 协定》存在很多缺陷的根源在于各成员之间权利的不平等。[③] 这种不平等主要体现在谈判的话语权问题上。如前文所述，在乌拉圭回合谈判中，欧盟和美国主导了整个谈判过程，最后达成的协定也主要体现了欧盟、美国等发达成员的利益。欧洲各国以及日本、加拿大自始至终都认同要客观对待研发支持政策，不可诉补贴的存在是合情合理的，应当建立合适的规则来规制各成员对研发活动的援助计划。甚至一些发展中成员和最不发达成员也表示赞同。相反，美国主

---

① 李本：《WTO 框架下补贴与反补贴协定研究》，华东政法大学博士学位论文，2004。
② 高萍：《〈补贴与反补贴措施协定〉的缺陷及其克服》，湖南师范大学硕士学位论文，2007。
③ 陶磊：《多哈回合中美国 ASCM 修改建议研究》，安徽财经大学硕士学位论文，2011。

张严格补贴纪律，甚至提出应反对一切补贴措施，不给任何国家预留支持国内产业发展、损害贸易利益的空间。美国甚至认为将研发补贴作为一条可以被豁免的补贴是不切实际的、荒谬的。直到谈判后期，各方提出了详细的不可诉补贴清单，也对研发补贴等主要不可诉补贴进行了界定，美国对研发补贴的态度才有所缓和。

同时，由于乌拉圭回合"一揽子"协定谈判的特殊历史原因，第 8 条"不可诉补贴"与第 6.1 款"严重侵害"的内容是在对立双方相互妥协的情况下被一并纳入《SCM 协定》的，延长不可诉补贴条款的适用期也会使针对严重侵害推定的相关条款继续得到适用。在磋商过程中，加拿大指出《SCM 协定》第 6.1 款规定的严重侵害的法律规定是一种重要的补救措施，并认为高度依赖出口的成员都将同意延长适用该条款。美国和欧盟也同意延长。而澳大利亚则认为第 6.1 款的设置本身就是不合理的，并且相关规定也会和国内法产生冲突。可见，WTO 成员在是否延长适用第 6.1 款的问题上也存在分歧。延长适用不可诉补贴的条款也会连带着延长严重侵害推定的法律效力，从而使补贴纪律更加严格。[1] 由于无法在这两个问题上达成一致，各成员最终放弃对不可诉补贴的磋商。[2]

可以说，WTO 研发补贴规则的诞生是建立在谈判各方博弈的基础上，是反对派和支持派互相妥协的结果。各方为了达成加强补贴纪律这一目的，只能暂时"协商一致"并接受

---

① 刘琳：《GATT/WTO 体制下补贴界定问题研究》，中国政法大学出版社，2017。
② Stewart, T. P., ed., *The GATT Uraguay Round: A Negotiating History* (1986 – 1994) (New York City: Kluwer Law and Taxation Publishers, 1993): 232 – 233.

"一揽子"协定，通过《SCM 协定》各项条款。但是，这样达成的暂时均衡是不稳定的，会因为谈判话语权、全球贸易地位、国家对外政策甚至国家力量的变化而动摇。

2. 不可诉补贴的存在不利于补贴纪律的加强

乌拉圭回合补贴谈判的最大目标在于加强 GATT《补贴守则》的纪律，通过更加严明的纪律来规制各项补贴。加强补贴纪律、减少贸易摩擦、挽回贸易体制的声誉成为各方所愿。正如美国代表团提案所述，一方面，当存在规则例外时，政府可能会利用一些规避手段，将政策重新"包装"，这样，一条实质上严重损害贸易利益的禁止性补贴就变为不可诉的。另一方面，单独把研发部分设定为不可诉补贴，很大程度上会和禁止性补贴规则有冲突。基于这样的角度考虑，WTO 研发补贴规则本身就具有天生的缺陷。

3. 不可诉补贴事前通知规则存在矛盾性

事前通知与事后通报义务存在一定矛盾。在程序性规则中，SCM 委员会要求成员在实行 WTO 研发支持政策之前履行通知义务。然而，《SCM 协定》自生效以来，没有任何国家对不可诉补贴进行事前通报，同样也没有对任何研发支持政策进行事前通报。但从各国的实践来看，除了不具有专向性的补贴外，各国的产业政策大都涉及了三类不可诉补贴。在很多成员的补贴通报中，研发支持政策数量占了 20% ~ 30%，甚至一些国家研发支持政策的资助金额占通报项目总金额的 90% 以上。可见，一旦确立了不可诉补贴条款，各成员均默认实施相应的研发支持政策是合理合法的，不会造成贸易扭曲。如果某成员认为真实存在贸易扭曲，则会通过多边争端程序来寻求救济

（如 DS316 案例和 DS353 案例）。加上事先通报将会使国内政令下达的速度变慢，因而没有成员进行事先通报。如今重新审视这一事前通知条款，与补贴通报的事后履行存在一定的矛盾，也是不可诉补贴条款的一大缺陷。

4. 发展中成员与发达成员之间利益的不均衡

针对 WTO 研发补贴规则，《SCM 协定》相关规定有助于各国开展技术的研究、开发和利用，对一国政府提高科研投入水平、发展高新技术产业、增强国家竞争能力起着关键性作用。然而，能否充分利用该条款在研发活动层面加大财政援助，与一国的经济发展水平和整体经济实力密切相关。与发达成员相比，发展中成员处于经济的攀爬期，很多方面仍处于初级发展阶段，国家财政收入不足导致研发投入有限，同时又无法承受和规避高技术带来的高风险，因而更希望将有限的资源用于直接有效的财政计划。因此，尽管《SCM 协定》对各国的研发支持政策给予豁免，发展中成员却不能有效利用这一条款。因而这个条款更多地体现了发达成员的利益。在多哈回合谈判前期，发展中成员对不可诉补贴提出了更多的要求，希望能将发展中成员现行的一些其他补贴纳入不可诉框架，并且要求除非扩充清单否则不进行磋商。这一提议未能得到发达成员的同意。加之不可诉补贴规则与严重侵害的认定作为谈判过程中的利益置换，在延长不可诉补贴条款适用期的同时也会延长严重侵害的适用期，这只会更有利于发展中成员。因而，延长包括 WTO 研发补贴在内的不可诉补贴规则的适用期，会造成发达成员既得利益的丧失，影响美国、欧盟等在多边贸易体制内的话语权和主导权。

二 与研发支持政策有关的 WTO 争端解决案例分析

截至 2022 年 6 月 30 日，WTO 争端解决机构受理的 612 起争端解决案件中，其中与补贴和反补贴措施相关的案例数量为 134 起，占比约为总数的 1/5。无论是与补贴措施有关的案例，还是针对反补贴措施提起的争端，都与成员实施的补贴政策相关。鉴于 WTO 规则具有"准判例法"的性质，因而通过对争端解决案例及其专家组报告、上诉机构报告的研究，我们能够判断 WTO 成员的研发支持政策的合规性。自 WTO 成立以来，没有成员针对不可诉补贴条款提起争端解决，但是成员实施研发支持政策的案例特别是与民用航空领域的大飞机制造相关的案例备受关注。在涉及《SCM 协定》条款的案例中，欧洲空客案（DS316）和美国波音案（DS353）是包含研发支持政策最多的两个案例。DS316 是美国提起的针对欧盟及其四个成员对空中客车（Airbus，简称空客）提供财政资助的案例，DS353 是欧盟及其四个成员申诉美国补贴波音公司的案例，双方均认为对方的补贴措施影响了本国公司的经济利益。这两个争端案例始于 2004 年，美欧国家经历了 16 年的交手后，直至 2020 年 10 月才结束所有争端解决程序。由于持续时间长、案情复杂、涉及 WTO 主要成员、影响力较大，欧洲空客案和美国波音案一直都是各方关注的焦点。本章重点关注两个案件中的研发支持政策，梳理相关的争议和裁决，分析 DSB 进行裁决的依据，得出相关结论。

（一）欧洲空客案中的研发支持政策及争议焦点

DS316 是美国针对欧共体（欧盟）和某些成员（英国①、法国、德国、西班牙）采取的影响大型民用飞机贸易的相关措施提起的争端解决案例。该案例始于 2004 年，经历了磋商—专家组—上诉机构—执行—仲裁（报复）—第二次执行之诉（专家组）程序。历经多年之后，WTO 于 2019 年 12 月 2 日向成员分发了第二次执行之诉专家组报告，之后欧盟决定对此上诉。该案件历经了 16 年，涉及欧盟及其四个成员相关政策的 300 多个争议点②，核心信息主要集中在磋商、专家组、上诉机构等环节的相关文件中，因而本研究主要基于 DS316 的磋商文件、专家组报告及上诉机构报告来研究欧盟及其成员的研发支持政策。

1. 欧洲空客案中涉及的研发支持政策

2004 年 10 月 6 日，美国针对欧共体（欧盟）及其四个成员采取的与大型民用飞机贸易有关的措施提起磋商请求，认为其违反了《SCM 协定》第 3 ~ 6 条及第 23.1 款和 GATT 1994 第 16.1 款的规定，对空中客车公司的资助政策已经构成违法补贴，对大飞机贸易产生了"不利影响"，也"严重侵害"了美国的利益。

美国提出的磋商请求主要包括欧盟及英、法、德、西四国

---

① 在 DS316 案中（2004 年 10 月 6 日至 2019 年 12 月 6 日），英国尚未启动脱欧程序，仍属欧盟成员。因此本研究采用 WTO 对此案审理过程中的提法，将英国认定为欧盟国家。

② https://www.wto.org/english/tratop_e/dispu_e/cases_e/ds316_e.htm.

为空客公司全系列机型（A300～A380）进行资助的五大类别 8 组措施，共计 300 多个，其中两类与研发支持相关。一是欧盟成员采取的启动资助（Launch Aid，LA）或称为成员融资（Member State Financing，MSF），两者并称为 LA/MSF。英、法、德和西四国以此向空客公司的大飞机设计和研发提供融资方面的援助。由于这一融资只有低于市场利率和实际销售后才需偿还，因而美国认为这一措施已经构成违规的出口补贴。二是研究和技术开发（Research and Technology Development，RTD 或 R&TD）经费，欧盟及其成员为空客与大飞机有关的研究、开发及论证提供了财政资助。这些已经影响到美国的正当经济利益，并将继续造成美国所享有"利益的丧失或减损"。DS316 案例磋商文件中涉及的欧盟及其成员的研发支持政策如表 3 - 2 所示。

表 3 - 2 DS316 案例磋商文件中涉及的欧盟及其成员的研发支持政策

成员	相关政策	补贴形式
欧盟	第二研究与发展框架计划（1987～1991） 第三研究与发展框架计划（1990～1994） 第四研究与发展框架计划（1994～1998） 第五研究与发展框架计划（1998～2002） 第六研究与发展框架计划（2002～2006）	拨款
德国	航空研究计划：LuFo Ⅰ（1995～1998）、LuFo Ⅱ（1998～2002）和 LuFo Ⅲ（2003～2007），即 1995～2007 年联邦飞行目录	拨款
	不莱梅：AMST Ⅰ（2000～2002）、AMST Ⅱ（2002～2006），即空客材料与系统技术中心相关计划	拨款
	汉堡：德国航空公司飞行计划（2000～2005 年）	拨款

成员	相关政策	补贴形式
英国	民用飞机研发和航空计划（CARAD）及其任何前身和后续计划，包括航空研究计划（ARP）	拨款
	技术与战略计划框架下的英国技术发展计划（TP）	拨款
	工程和物理科学研究委员会（EPSRC）的援助	拨款
	贸易和工业部（DTI）、区域开发机构（RDA）的援助	拨款
西班牙	两项航空技术计划：Tecnológico Aeronáutico Ⅰ（1993～1998）、Tecnológico Aeronáutico Ⅱ（1999～2003）	拨款
	利润项目（PROFIT）：Innovación Técnica 项目（PROFIT），包括 2000～2003 年 PROFIT 国家航空项目和 2004～2007 年 PROFIT 国家运输次子项目	贷款
法国	R&TD（1986～1993）：交通部和国防部的研发资金等	拨款
四国	启动资助或成员融资（LA/MSF）	拨款、贷款

资料来源：WT/DS316/1/Add.1，作者整理得出。

由表 3－2 可知，美国提交的磋商文件附录中具体列出了欧盟及英、法、德、西四国的研发支持政策，除了欧盟成员对空客提供的 LA/MSF 外，主要涉及：1987～2006 年欧盟实施的第二、三、四、五、六研究与发展框架计划，即欧盟补贴通报中的历次研究、技术开发和示范行动计划；德国在 1995～2007 年实施的三个航空研究计划、2000～2006 年不莱梅地方政府实施的空客材料与系统技术中心相关计划、2000～2005 年汉堡采取的德国航空公司飞行计划；英国的民用飞机研发和航空计划（CARAD）及其任何前身和后续计划、技术与战略计划框架下的英国技术发展计划（TP）、工程和物理科学研究委员会

（EPSRC）的援助以及贸易和工业部（DTI）、区域开发机构（RDA）的援助；西班牙在 1993～2003 年进行的两项航空技术计划，以及利润项目（PROFIT）中的 2000～2003 年 PROFIT 国家航空项目和 2004～2007 年 PROFIT 国家运输次子项目；法国在 1986～1993 年实施的对 R&TD 的财政资助。这些研发支持政策时间跨度大，涵盖了 5 个 WTO 成员的中央政府及地方政府在航空领域实施的资助计划，并且以拨款形式为主、辅之以贷款等融资手段进行研发支持。

2. 与研发支持政策相关的争议焦点及裁决情况

（1）研发支持政策是否构成专向性补贴

本案中关于研发支持政策的争议焦点主要在于是否将欧盟及四国的措施认定为不合规补贴。专家组认为德国、西班牙、英国为空客公司 A380 机型提供的每一项 LA/MSF 都构成了具有专向性的补贴。同时，欧盟的 5 个研究与发展框架计划、德国的 LuFo I/II/III 项目下的 R&TD 拨款、德国汉堡与不莱梅两个地方政府的拨款、西班牙的 PROFIT 项目、英国在 CARAD 和 ARP 的财政拨款都具有《SCM 协定》第 2.1 款所指的专向性。但是德国根据 LuFo III 项目承诺给予空客公司的特定研发资助及英国实施的技术发展计划（TP）不具有专向性问题。事实上，TP 的专向性问题受到质疑。

在磋商阶段，美国提出，英国技术发展计划（TP）通过征集项目来实施资助，但这些项目仅限于航空技术领域，对产业进行了限定，是属于《SCM 协定》第 2.1 款所规定的专向性补贴。特别地，TP 所规定的 43 个研究主题都有独立的项目预算，体现了产业专向性。美国将英国在 2004～2006 年发布的 3 项竞争性项目的宣传册的有关信息作为不利证据，并以"先进材料"这一研究主题为例，指出该主题下对研究项目的征集仅用于航空产业发展，这意味着将资助的对象确定为特定的产业。另外，美国认为TP是英国CARAD和ARP的后续执行计划，这是欧盟已经承认的。因此，美国提出，英国通过TP向空客公司和民航大飞机相关产业提供的R&TD财政援助构成了专向性补贴。

欧盟反驳了上述观点。根据欧盟提交的材料，TP并不是一个针对特定行业的计划，而是向包括制造业、服务业在内的所有行业部门征集研究项目的整体计划，具有广泛性而非专向性。通过TP进行的研发资助并非针对空客公司或其他任何与大飞机制造相关的机构和部门。欧盟指责了美国以个别项目宣传册作为证据的做法。一方面，这3份宣传册仅仅是已经确定的43个研究主题中的先进复合材料与结构、智能材料与设计工程及先进制造这3个，个例不能代表全部。另一方面，虽然这些领域与航空产业相联系，但并没有将任何一个主题限定在民航大飞机制造的相关产业技术中。美国也没有注意到宣传册上所提及的其他与该领域技术相关的部门。因此，TP并不符合《SCM协定》第2.1款所指的专向性补贴的标准。

专家组通过审查各方提交的证据发现，TP并不像美国所述仅对航空研发部门进行补贴。专家组报告的观点与欧盟一致，认定TP是一个具有广泛性而非专向性的研发支持政策。

（2）是否存在不利影响

专家组继续评估这些对空客公司的财政资助是否存在《SCM协定》第5款（a）项和（c）项所指的对美国的利益造成的"不利影响"。欧盟成员通过LA/MSF对空客的开发、设计进行资助，是将一大部分的风险从大飞机制造商转移至政府，并且空客在大飞机项目启动、开发和进入市场的项目生命周期阶段都是依赖 LA/MSF 补贴的。专家组认为，欧盟及英、法、德、西四国对空客开发 A300、A310、A320、A330/340、A330 - 200 以及 A340 - 500/600 机型项目的融资安排（LA/MSF）违反了《SCM 协定》第 5 款（c）项的规定，严重损害了美国的利益。上诉机构也认同专家组的这一裁决。

专家组认为，欧盟及英、法、德、西四国向空客提供研发支持政策的不利影响为：欧洲空客公司取代了美国波音公司向欧盟、第三方市场（澳大利亚、中国、巴西、中国台湾地区、韩国、墨西哥、新加坡）的大飞机出口，尤其在印度市场上对其构成威胁；造成美国波音公司大飞机销售量的下滑。而事实上，美国并不能证明欧盟及欧洲四国的资助政策阻碍了美国大飞机向第三方市场的出口进程，也不能证明该政策造成了实际上的价格削减或价格抑制。

欧盟就此提起上诉，并指出专家组评估"不利影响"的方法是错误的，不应在"单一产品"和"单一市场"的基础上进行评估。上诉机构认为，专家组对"市场"的理解存在偏误，因而支持欧盟的上诉，推翻了专家组认为欧洲空客公司取代了美国波音公司的相关结论。上诉机构确认了以下事实：2001 ~ 2006 年，欧洲空客公司取代了美国单通道大飞机（即中小型客机）向澳大利亚的出口，取代了美国单通道和双通道大飞机（即宽体客机）向中国和韩国的出口；没有取代美国向巴西、墨西哥的大飞机出口，更没有在印度市场上产生取代的威胁。上诉机构支持专家组报告第 7.1948 段的结论，即"无论是直接还是间接，LA/MSF 都是空客在 2000 年推出 A380 的必要先决条件"；推翻专家组报告第 7.1956 段、7.1959 段和 8.2 段中的结论，即 LA/MSF 的"产品效应"由相关的 R&TD 补贴资助产生。

在后续的两次执行之诉中，专家组和上诉机构认定欧盟及欧洲四国向空客公司提供的资助达到了 180 亿美元，造成了美国波音公司在全球范围内飞机销量的下降（约为 300 架大飞机），并通知欧盟及欧洲四国应取消相关资助。虽然欧盟通知 DSB 已遵约，但是美方认为欧盟实际上只取消了两项小额补贴，作用十分有限，大量的支持政策依然存在。美方还指出，欧方对空客公司额外增加了 50 亿美元融资援助，以此来资助新机型 A350XWB 的研发、设计和生产。2018 年 5 月 15 日分发的上诉机构报告认定，欧盟及英、法、德、西四国为空客公司的 A380 机型和 A350 机型提供了高达 220 亿美元的补贴，损害了美国波音公司的利益。随后，2018 年 5 月 17 日，欧盟即通知 DSB 对上述违规措施进行修订，但直到 2020 年 8 月 21日，欧盟才通知 DSB 法国和西班牙修改了关于新机型 A350XWB 的研发、设计和生产的资助政策。

（二）美国波音案中的研发支持政策及争议焦点

2005 年 6 月 27 日，欧盟（欧共体）及其四个成员（英国、法国、德国和西班牙）就美国向大飞机生产商波音公司提供禁止性补贴和可诉补贴提起磋商，认为美国的相关资助违反了《SCM 协定》第 3.1 款（a）项和（b）项、第 3.2款、第 5 款（a）项和（c）项及第 6.3 款（a）、（b）和（c）项，以及 GATT 1994 第 3.4 款。该案例经过磋商－专家组－上诉机构－执行之诉专家组－执行之诉上诉机构－仲裁多项程序，直到 2020 年 10 月 13 日方有仲裁结果。该案例涉及了大量的美国研发支持政策，欧盟认为 1989～2006 年美国对波音公司资助的总额高达 191 亿美元，其中半数以上（104亿美元）来自美国宇航局（又称美国国家航空航天局，即 NASA）的研发支持，专家组也判定这些针对波音的研发支持不少于 53 亿美元。[①]

1. 美国波音案中涉及的研发支持政策

在 DS353 案例中，欧盟提出了美国对波音公司的 10 类资助都违背了《SCM 协定》，构成了违规补贴。与研发相关的支持政策，主要是美国国家航空航天局（NASA）、美国国防部（DOD）及美国商务部（DOC）采取的相关计划和措施。在案件发展过程中，这些研发支持主要分为两类：一类是 NASA 的 8 个航空研发支持政策；另一类是 DOD 与 DOC 的研发支持政策。DS353 案例磋商文件中涉及的美国的研发支持政策如表 3－3 所示。

表 3－3　DS353 案例磋商文件中涉及的美国的研发支持政策

支持主体	具体项目
美国国家航空航天局（NASA）	8 个航空研发计划下签订的研发合同和协议：①先进复合材料技术研究计划（ACT 项目）；②高速研究计划（HSR 项目）；③先进亚音速技术计划（AST 项目）；④高性能计算与通信项目（HPCC 项目）；⑤航空安全项目（AS 项目）；⑥无声飞机技术计划（QAT 项目）；⑦车辆系统项目（VS 项目）；⑧研究和技术基地计划（R&D 基地计划）

---

① https://www.wto.org/english/tratop_e/dispu_e/cases_e/ds353_e.htm.

续表

支持主体	具体项目
美国国防部（DOD）	23 项国防部资助项目，研究、开发、测试和评估（RDT & E）计划签订的研发合同和协议，包括：研发项目成果和专利的免费使用或转让；相关数据和商业秘密的访问权；研究、试验和评估设备的使用权；高价军购合同等
美国商务部（DOC）	先进技术发展计划（ATP）

资料来源：WT/DS353/AB/R，作者整理得出。

针对 NASA 的航空研发支持政策，欧盟指出，NASA 通过 8 个航空研发计划为波音公司大飞机项目的研究和发展提供了资金资助和其他支持，包括"直接资金的转移"和以"提供货物和服务"的形式的财政资助，已经构成了《SCM 协定》第 1 条认定的补贴。这些措施主要体现在 NASA 根据不同的航空研发计划与波音公司签订的公司合作研发合同和协议中。事实上，NASA 对波音公司进行了实质性拨款，并将本属于NASA 的设施设备及科研人员提供给波音公司使用，构成了所谓的实物补贴。

在 DOD 和 DOC 的航空研发支持政策方面，DOD 对波音公司拨款并允许其访问自身的设施，帮助其进行军用和商用大飞机技术的研发；DOC 则通过先进技术发展计划（ATP）对波音公司进行拨款。欧盟指出这两项研发支持政策已经构成了《SCM 协定》所指的专向性补贴。

欧盟认为美国对波音公司的补贴已经造成了"严重侵害"，体现在"技术影响"和"价格影响"两个方面。研发支持政策主要体现了"技术影响"，具体指：通过航空研发补贴，波音公司不仅获取了资金还得到了智力上、人力上、心理上的支持，使其能够更早地独立开发、生产、销售波音 787 系列大飞机。也就是说，如果没有航空研发支持政策，波音公司的 787 飞机项目将会被推迟更久。这对空客公司在宽体客机市场上的竞争地位产生了"不利影响"。

2. 与研发支持政策相关的争议焦点及裁决情况

美国对波音公司的研发支持政策是否构成补贴、是否存在"不利影响"也是该案的争议焦点。但专家组和上诉机构根据不同类型的项目进行了判定和裁决。

（1）NASA 的航空研发支持政策

首先，确定是否存在"直接资金的转移"和"提供货物和服务"的资助形式。后者的判定问题成为本案的争议焦点之一。就此问题，专家组着重审查了两个方面：一是 NASA 从波音公司购买服务是否属于《SCM 协定》第 1.1 款（a）项第（1）条的"财政资助"；二是 NASA 与波音公司的合作开发合同与协议是否属于"购买服务"。专家组认定签订协议的双方并没有"购买服务"的意图。其次，在所提到的合作研发合同中，波音公司主要是为了自身的利益而非为政府提供服务，因而 NASA 的航空研发支持政策中的"购买服务"并不存在。因此，专家组认定，通过 NASA 与波音公司合作签订研发合同与协议形式的付款属于"直接资金的转移"，且波音公司可自由使用 NASA 设施、设备和人员的情况已经构成了政府"提供货物或服务"的补贴形式。其他欧盟所指并不符合《SCM 协定》第 1.1 款（a）项第（1）条的规定。上诉机构质疑了专家组的结论，认为其判定的逻辑存在错误。在重新审查了 NASA 采购合同与 DOD 合作研发协议之后，上诉机构指出，两种均为合作协议的形式，即所谓的"合资"形式。该类措施的具体的实施过程为：NASA 或 DOD 一方提供资金，与波音公司一道将非金融资源集中在一起进行合作研究和开发，所得成果双方共享。这样的实施过程在事实上推翻了专家组的判定，上诉机构判定这些"合资"属于《SCM 协定》所指的"财政资助"。

对于专向性问题，美国并没有对航空研发支持政策的专向性问题提出过多异议，仅补充材料用以说明美国其他产业也都使用了 NASA 提供的风洞服务，并非给予特定产业或特定企业的独享权利。专家组在审查其提交的证据材料后，做出了相反的判断。美国 NASA 风洞服务主要是提供给航空航天产业使用，构成了《SCM 协定》所指产业专向性问题。

关于不利影响问题，主要是通过"价格影响"和"技术影响"来判定。专家组认为 NASA 和 DOD 的航空研发支持政策的"价格影响"主要体现在 100～200 座及 300～400 座宽体大飞机上，但上诉机构认为此类补贴并未显示对波音价格的影响。在"技术影响"问题上，上诉机构在逐一分析了美国提出的抗辩理由后，并未接受。上诉机构指出，专家组对研发支持政策"技术影响"的判定是正确、合理的。美国的航空研发支持政策影响了 200～300 座宽体大飞机市场上空客公司的利益，对欧盟向第三国市场出口产生了取代或阻碍威胁，并造成大幅的销售损失和价格抑制。这些影响符合《SCM 协定》第 5 款（c）项所规定的"严重侵害"。上诉机构则进一步对"大幅的销售损失"、"取代或阻碍威胁"以及"价格抑制"这三种"严重侵害"的情形做了分析。上诉机构分析了申诉方和被诉方提交的证据和数据，指出其只能证明在澳大利亚波音公司取代了空客市场份额，而在另外的第三国市场，波音公司仍是唯一的大飞机供应商。也没有证据表明，在参考期前后时间段内，空客将向这些第三国市场交付了同类大飞机产品。这意味着，在这些第三国市场，美国波音公司没有取代或替代欧洲空客公司在 200~300 座宽体大飞机市场的销售份额。最终的上诉机构报告修改并维持了专家组的整体结论，即对于 200~300 座宽体大飞机市场，航空研发支持政策通过其技术影响，对欧盟利益造成《SCM 协定》第 5 款（c）项和第 6.3 款（b）项、（c）项所指的"严重侵害"。

（2）DOD 和 DOC 的航空研发支持政策

针对 DOD 的研发支持政策的裁决与 NASA 的研发支持政策具有相似的逻辑。专家组指出，DOD 根据研发计划在相关协议框架下向波音公司提供财政资助，并授予了利益。DOD 为波音公司提供的资金援助和设施准入权限，已经构成了《SCM 协定》所指的补贴，同时具有第 2.1 款（a）项所规定的专向性问题，因而认定该 DOD 的航空研发支持政策是具有专向性的补贴。

针对 DOC 采取的 ATP 计划，专家组认为，DOC 通过该项目广泛地向"从事高风险、高回报、新兴技术研发"的美国企业或产业进行项目资助，并且提交的项目拨款证据也表明，资助的企业或产业均不具有专向性。事实上，美国实施 ATP 计划的目的具有广泛性的特点，即在措辞上对资助项目的描述没有针对性。该政策旨在"协助美国商业创造和采用通用技术和研究成果，以使重要的科学新发现和技术迅速商业化"，并提高制造技术。专家组由此认定 ATP 计划不具有《SCM 协定》第 2 条规定的专向性。

(三) WTO 争端解决案例的启示

美欧大飞机案例对各国的研发支持政策的制定和实施具有借鉴意义。一方面，DS316 案例和 DS353 案例在多边贸易体制内具有举足轻重的作用，这是 WTO 最重要也是最大的两个成员，历时 16 年仍尚未完全结束的两个争端解决案例，涉及从 20 世纪 80 年代至今的数量庞大的补贴措施，专家组和上诉机构也是经历了复杂曲折的过程，才将双方争议的各个焦点审理清楚、得出结论。这两个案例也是为数不多的涉及国内研发支持政策的案例。另一方面，在不可诉补贴规则失效后，DS316 案例和 DS353 案例中有关研发支持政策的"合规性"判定是对 WTO 多边贸易规则的有效补充，对后续相关措施的裁决具有重要意义，也是对其他成员如何在 WTO 规则的范围内合法合理实施研发支持政策的指导。

1. 研发支持政策的合规性判定

从这两个案例可以看出，判定研发支持政策是否违规的关键在于对"专向性"和"不利影响"的认定。专家组在初步审查时，首先，对补贴的定义和专向性问题进行分析，确定这些措施是否符合《SCM 协定》第 1 条的定义；其次，判定哪些政策构成第 2.1 款所指的具有"专向性"的补贴；最后，对这些认定的补贴措施进行"不利影响"的进一步分析。有关不利影响的分析是十分复杂的，无论是对证据的重新梳理和判定，抑或是对规则的法律释义，还是程序上的方法或做法，都会影响到专家组和上诉机构对一项研发支持政策的不利影响的认定。特别地，研发支持政策本身具有复杂性、间接性，甚至隐蔽性。一旦某项研发支持政策被当作"不利证据"或构成补贴事实，就会对这项研发支持政策的方方面面进行抽丝剥茧的梳理和分析，判断其是否符合 WTO 规则。

2. 研发支持政策的专向性问题

在 DS316 和 DS353 两个争端案例中，最具借鉴意义的当属专家组和上诉机构对英国技术发展计划（TP）和美国先进技术发展计划（ATP）的裁决。在 WTO 框架下，DS316 案例中的英国 TP、DS353 案例中的美国 ATP 均在专向性问题上得到了豁免。多边贸易体制认可了两国对技术研发活动的合法补贴，即便每个成员都认定对方的计划存在专向性问题，但专家组和上诉机构也根据项目的具体情况给予了豁免。这一裁定为中国实行高新技术方案提供了一定借鉴意义。一项研发支持政策如何被判定为不具有"专向性"的补贴，是非常值得深思和探讨的。例如，设定广泛而模糊的支持对象、设置兼具公平性与竞争性的选拔机制、更注重基础研发、采用多种资助工具与方式等做法，都为中国的研发支持政策的制定提供了一些思路。

3. 重新审视大飞机制造业的研发支持政策

民航大飞机制造是美欧进行研发支持最注重的行业，两个争端案例中涉及的 6 个经济体都不同程度地分别为波音公司和空客公司的研发和设计提供人力、智力、财力、物力方面的资助和支持。若无这些支持，两家公司都会在研发新机型和市场竞争中出现乏力或难以维系。中国对大飞机的研发、生产正在进行中，国产支线客机 ARJ21 和大飞机 C919 也备受瞩目。中国实施的研发支持政策、财政支持计划是否会受到美欧的关注？根据以往大飞机制造商的争端解决过程来看，这个问题的答案是肯定的。中国 2019 年的补贴通报中出现了与大飞机相关的两项研发支持政策，分别为"大型客机和新支线飞机增值税优惠政策"和"大型客机和大型客机发动机整机设计制造企业房产税、城镇土地使用税优惠政策"，近年来制定的支持战略性新兴产业发展的政策也包括了对大飞机产业的研发支持。那么，中国的研发支持政策是否事实上违背了《SCM 协定》规定的义务？这些都需要结合国内政策体系逐一进行审定和排查。一旦中国的研发支持政策成为被诉的争议焦点，中国还需做好积极应诉的准备。

4. 研发支持政策急需多边贸易规则的约束

上述两个案例中，美国、欧盟及欧盟四国都避免了禁止性补贴，采用了可诉补贴的形式对大飞机制造商进行研发支持。美国通过与波音公司签订科研合同进行变相补贴，而欧盟采取了"公共基础设施建设"这种最安全的补贴手段对高技术企业进行支持。[①] 可见，实施研发支持的国家可以通过淡化政府补贴的主体地位、模糊专向性、扩大资助范围、采用隐蔽的资助手段等方式来调整政策。但同时，研发支持政策"表面目的"和"实际目的"不一致的情况会更加突出，从而使研发支持政策成为《SCM 协定》管辖的"灰色地带"，这也是美国在乌拉圭回合谈判中加强补贴纪律的重要理由之一。因此，应当建立

---

① 李晓雪：《中国科技创新政策与 WTO 规则一致性研究》，对外经济贸易大学博士学位论文，2013，第 141 页。

明确、有效的与研发支持政策相关的规则约束成员行为，防止政策滥用造成贸易损害。

三　本章小节

本章研究了与研发支持政策相关的 WTO 规则框架，分别从具体规则和判例情况两方面对 WTO 研发补贴规则进行了研究。

有关研发支持政策的规则主要体现在《SCM 协定》中，具体体现为不可诉补贴规则。WTO 成立时，研发支持政策作为一类不可诉补贴规定在《SCM 协定》第 8.2 款（a）项下，可以被豁免的研发补贴包含了"100% 的基础研究、75% 的产业研究和 50% 的竞争前开发活动"，并规定了五项具体用途。但这一条款仅可"临时适用"，于 1999 年底试用期满，没有继续得到适用。根据现有规则，各国实施的研发支持政策受到可诉补贴条款的约束。同时，《SCM 协定》还规定了研发支持政策的通报规则，即每个成员都有义务也有责任向 SCM 委员会通报本国每一年的研发支持政策实践情况。后文也将基于 WTO 通报来研究主要成员的研发支持政策实践情况。在多边协定中，GATS 和 TRIPS 没有对研发支持相关问题进行规制。诸边协定中，仅有《民用航空器协定》与研发支持政策存在关系。该协定规定了各成员采取支持政策时应尽力避免产生"不利影响"，同时该协定认为民用航空器部门具有特殊性和实施广泛性，对该领域的补贴本身并不是一种贸易扭曲。值得注意的是，GPA 规定的"政府采购"与 WTO 研发补贴规则所指的"政府购买"有本质上的不同，因而我们研究的研发支持政策不在 GPA 的管辖范围内。

不可诉补贴规则与研发支持政策的关系十分紧密，但其到期失效的前因后果值得探讨。乌拉圭回合谈判的最后一轮进行了是否建立不可诉补贴规则的探讨，也包括针对 WTO 研发补贴规则的谈判。以欧盟、瑞士为代表的支持派和以美国为主的反对派，进行了 3 个阶段的讨论，从"是否需要建立补贴的三种分类体系"，到"如何设置不可诉补贴清单及界定研发补贴"，再到美国态度转变同意了包含以"三分法"为分类标准的协定草案，最终《SCM 协定》中不可诉的研发补贴规则条款诞生。由于在谈判中存在诸多争议，各方协商同意设置该条款的临时使用期限，计划在 5 年后对其是否延长进行讨论。但在多哈回合谈判前的讨论和磋商中，各成员对此问题仍存在诸多分歧。最终，"不可诉补贴"并没有成为多哈回合谈判的主要议题之一，《巴厘部长宣言》也没有提及研发补贴规则。然而，随着时间的推移，主要成员逐渐注意到研发支持、产业政策的重要地位，呼吁 WTO 进行改革。例如，2017～2021 年，美国、欧盟和日本发表了 9 份联合声明，希望加强对补贴的约束，中国明确建议 WTO 应恢复不可诉补贴的地位，并适当地扩大适用范围。

WTO 研发补贴规则本身是客观的，其失效的原因并不是各国政策及规则本身的问题，而是在建立规则、协商一致时包含了太多主观因素，导致其内在的不稳定，一些成员认为不可诉补贴增加了补贴纪律的漏洞。更重要的是，发展中成员和发达成员在谈判中包含了过多的利益较量，从而导致不可诉的研发补贴规则无法延长适用的情况。

WTO 规则与争端解决案例密不可分。多边贸易体制的争端解决案例具有判例的性质，专家组与上诉机构对案例的裁决既是对规则的释义，也是对规则的有效补充。通过对具体案例的研究，我们能够了解规则在实践中适用的具体情况，更能得到研发支持政策与 WTO 规则一致性的客观判断。因此，本章选取了与研发支持政策密切相关的欧洲空客案和美国波音案进行研究。美欧及其主要成员（英、法、德、西）都采取了大量的研发支持政策。通过申诉方与被诉方对有关研发支持政策争议点的抗辩，以及专家组与上诉机构做出的裁决，我们进一步剖析了具体研发支持政策与 WTO 规则的一致性问题。这两个案例反映了主要发达成员对研发支持政策通报不全面的问题。在案例中，英国的技术发展计划（TP）和美国的先进技术发展计划（ATP）被认定为不具有专向性，这为中国研发支持政策的制定与实施以及未来应诉提供了借鉴经验。然而，在现实情况中，专家组和上诉机构不可能、也没必要对所有的研发支持政策进行裁决，此类研发支持政策就成为《SCM 协定》管辖的"灰色地带"。实施研发支持政策的国家可以通过模糊专向性、扩大资助范围的方式来调整政策，这样就会出现研发支持政策"表面目的"和"实际目的"不一致的情况。因此，应当建立有效的与研发支持政策相关的规则约束成员行为。

第四章
WTO 主要发达成员研发支持
政策的实践

    WTO 主要成员实施了大量的研发支持政策，尤其是以美国和欧盟为主的发达成员。这些研发支持政策主要体现在各国向 SCM 委员会提交的补贴政策通报中。《SCM 协定》第 25 条规定，各成员应当履行通报义务，需在每年的上半年向 SCM 委员会提交关于本国实施补贴政策的通报。并且，每条政策应包括政策名称、目的、金额、实施期限、可推定贸易影响的有关统计数据等信息。事实上，这些通报的文件包含了很多研发支持政策，呈现一定的规律和特征。因此，本研究将以 WTO 成立以来的通报文件为基础，找出主要发达成员实施的与研究开发、技术创新活动相关的支持性政策，并分析其与多边贸易规则的一致性和冲突性。在成员选择上：一方面，美国、欧盟是最主要的成员，是多边贸易体制最重要的参与者和影响者，也是全球注重技术研发的经济体；另一方面，美国、欧盟双方针对研发支持政策问题互相提起了争端，即编号为 DS353 和 DS316 的两个大飞机补贴争端解决案例，其中涉及了美国、欧盟及英国、法国、德国和西班牙四国大量的研发支持政策，也对各方产生了深远的影响。鉴于此，本研究选取了美国、欧盟、英国、法国、德国和西班牙这六个发达成员作为代表，研究 WTO 发达成员研发支持政策的现状、特点及合规性问题。所有通报文件的时间段为 1995 年 1 月 1 日至 2019 年 12 月 31 日。

一 WTO 主要发达成员实施研发 支持政策的现状分析

（一）美国

美国是 GDP 排名全球第一的发达经济体、贸易大国，各方面的国家竞争能力均世界领先。根据世界银行最新统计数据，2017 年美国财政研发经费投入强度为 2.8%，超过世界平均水平的 2.3% 和 OECD 国家的 2.57%，由此可见美国对研发活动的重视程度。WTO 成立以来，美国已经向 SCM 委员会提交通报文件 13 份，涉及 1995 ~ 2018 年实施的、十余个不同领域的补贴和支持措施，其中包含了大量的研发支持政策。通过对这些政策的逐一分析，我们可以得知美国研发支持政策实施的相关情况。美国的通报分为联邦政府和州政府两个层面，本研究主要对联邦政府的研发支持政策进行研究。

1. 美国研发支持政策的总体情况

第一，美国实施了大量的研发支持政策。按通报的措施数量[1]计算，1995 年以来，美国向 SCM 委员会提交的 13 份通报中共包含 650 个政策，与研发活动有关的政策数量为 236 个，占比为 36.3%。

其中，能源与燃料、航空航天是通报次数最多的研发支持领域，分别占总体数量的 50.4% 和 10.2%（见表 4 - 1）。1996年通报的文件中涉及的研发支持政策最多，同时也是美国通报文件中最完备的一份。由于这是第一年通报，美国的通报较为详细，通报的项目数量也较多。在 WTO 成立初期，美国作为新体制的建设者和新规则的主导者，有责任也有义务在多边事务中发挥积极的表率作用，因此各项措施的通报较为详尽。随着时间的推移和当政总统的更替，不同的党派拥护不同的科技研发创新政策，这些对研发支持政策的数量产生了一定的影响。尽管如此，美国历年的通报中研发支持类项目占比均在 20% 以上。虽然数量上的占比在 2009 ~ 2010 年降至冰点，但近年来又呈现回升趋势。尤其是 2018 年和 2019年的两份通报中，研发支持政策数量分别增至 20 个和 19 个，占比回升至 40.8% 和 35.8%。这从侧面反映了在特朗普总统上台后，研发支持政策又重新成为美国政府科技创新政策的关注重点之一。

第二，美国对研发活动支持力度大。从金额上看，这 13份通报中涉及的研发支持政策金额约为 673.25 亿美元，1995 ~

---

① 这个数量指的是通报项目次数之和，即每份通报中的项目数量的加总。

表 4 - 1　1996～2019 年美国的研发支持政策通报情况

单位：个，%

行业部门	1996年	1997年	1998年	2002年	2003年	2007年	2009年	2010年	2011年	2014年	2015年	2018年	2019年	整体占比
航空航天	6	6	6	5	1									10.2
农业												1	1	0.8
汽车、发动机	5	5	5	1										6.8
建筑设备系统	3	3	3											3.8
陶瓷和轻型材料	2	2	2											2.5
化学品、石油化工	1	1	1											1.3
能源与燃料	13	13	13	7	6	5	5	6	7	7	7	15	15	50.4
金属	1	1	1											1.3
纺织品和服装	2	2	2	2	2	2								5.5
渔业				2	2	2	2	2	2	2	2	2	1	8.1
医药				2	2	2	2	2	2	2	2	2	2	8.5
其他				1	1	1								0.8

续表

行业部门	1996年	1997年	1998年	2002年	2003年	2007年	2009年	2010年	2011年	2014年	2015年	2018年	2019年	整体占比
合计	33	33	33	19	13	11	10	10	12	12	11	20	19	—
占比	75.0	50.0	47.8	37.3	31.0	26.8	20.4	20.8	22.6	27.3	26.8	40.8	35.8	—

注：表中年份均为通报年份，通报年份与实施年份不同。通报年份指的是该成员向 SCM 委员会提交通报文件的年份。通报信息中，载于通报年份的具体项目信息中，通常早于通报年份，余同。

实施年份指某个项目进行拨款的年份，余同。

资料来源：WTO 官网，由作者整理。

1997 年针对各类研发支持政策补贴了约 45.27 亿美元，而 1999 ～ 2018 年的财政援助达到 627.98 亿美元。由于美国对 1998 年的项目实施情况没有及时通报，因此我们无法了解当年的研发支持情况。

其中，2009 年的情况最为特殊。表面上，从研发支持政策数量来看，2009 年的研发支持政策数量为 10 个，仅占当年总体通报数量的 20.4%。实际上，该年度研发支持政策的资助总额为 221.09 亿美元，达到百亿数量级，而其他年份的资助金额却在 10 亿至 30 亿美元之间。虽然研发支持政策数量及占比均为历史最低水平，但资助金额却达到峰值，平均单个研发支持政策的资助金额已达到其他年份的总金额水平。这些数据表明，2009 年并不是美国研发支持的低点，反而是研发支持力度最大的一年。这种超额支持主要来自能源与运输行业项目，包括能源部实施的"可再生能源"政策、"化石能源研发"政策以及"节能项目"政策中的"运输部门"、"建筑技术/建筑技术办公室、州和社区部门"和"工业部门/先进制造业"3 个子项目。这些项目的支持金额均远超其他年份。

第三，美国研发支持政策的形式和程序较为单一。美国研发支持政策的形式以拨款为主。美国的研发支持政策的形式在通报中被描述得较为复杂，不仅包括研发基金、直接拨款、合作协议、合作研发协议，还包括通过政府实验室和私营企业之间的联合体活动实现的其他形式的合作等。事实上，在 2018 年之前通报的文件中，并没有提及研发基金这种形式，这种形式更多地被描述为"拨款、合作协议、合作研发协议及政府实验室和私营企业之间的联合体合作"，在 2018 年的文件中才变更为研发基金。这些方式在本质上都是《SCM 协定》规定的政府拨款，只是拨款形式不同。研发基金是美国研发支持较常见的形式，还有少量的项目采取的是税收优惠、优惠贷款及贷款担保的支持方式。能源部下属机构会根据不同的政策成立各种基金，如能源效率和可再生能源办公室的 EERE 基金、电力供应和能源可靠性办公室的 OE 基金、高级能源研究计划署的 ARPA-E 基金、网络与能源安全及应急管理办公室的 CESER 基金、核能办公室的 NE 基金等。联邦政府先将资金拨付给这些基金，再通过竞争性程序来选拔资助对象。贷款担保主要是政府通过在金融机构为其担保，给资助对象提供贷款融资的便利，只有能源部的技术创新贷款担保项目和农业部实施的与生物精炼技术相关的政策采取的是此种方式。

　　2. 美国研发支持政策的特点分析

　　第一，时间分布呈现两个阶段特征。从 13 份通报中可以看出，美国的研发支持政策的数量、行业分类及具体情况明显分为前后两个阶段。第一阶段是 WTO 通报文件规则实行初期，美国作为 WTO 主要的拥护者，积极地进行通报。同时，由于研发支持政策的部分仍属于不可诉补贴的范围，美国通报文件中的研发支持政策也更加完善和具体。《SCM 协定》规定的不可诉补贴规则于 1999 年底到期失效，美国对研发支持政策的通报情况随后也进入第二阶段。通报的时效变得不稳定，有些年份的通报时间滞后，甚至还漏报了 1998 年的政策。研发支持政策的具体信息也存在不翔实的情况。尤其是对前面已经通报过的政策存在缩略通报的现象，甚至在没有说明该政策是否终止的情况下不再通报。进入该阶段后，美国对研发支持政策的通报出现了一定程度的不透明问题。一些在能源部、宇航局公开的政府资助项目也不再进行通报。

第一阶段是1996年、1997年和1998年这三年提交的通报文件，分别对1995年、1996年和1997年实施的补贴政策情况进行了说明。这三份通报文件的研发支持政策完全一致，都是33个项目（见表4-2），包括纺织品行业2个、化学品与石油化工行业1个、航空航天行业6个、建筑设备及系统行业3个、金属行业1个、能源和燃料行业13个、陶瓷和轻型材料行业2个以及自动化/发动机/电动机相关行业5个，这些政策名称、支持形式、支持对象的具体情况没有任何的更新。紧接着的第四份通报是在2002年提交的，列明了1999~2001年的项目详情。本应连续通报的1998年的研发支持政策实施情况，在这份文件中却没有显示。因而我们猜测，可能是在1999年没有提交通报或在2002年的文件里漏报了该年份的情况，也有可能是美国内部的研发支持政策出现了较大的变化，无法及时通报。

表4-2　1995~1997年美国实施的研发支持政策情况

行业	研发支持政策名称	资助金额（万美元）	行业总计（万美元）	行业占比（%）
纺织品（2个）	AMTEX 项目	5660	6600	1.46
	纺织品和服装技术公司（TC2）项目	940		
化学品与石油化工（1个）	氢研发支持政策	3780	3780	0.83

续表

行业	研发支持政策名称	资助金额（万美元）	行业总计（万美元）	行业占比（%）
航空航天（6个）	先进通信技术卫星（ACTS）计划	2050	170010	38.43
	DC-XA 计划	2750		
	X－33 计划	42180		
	X－34 计划	4880		
	高速研究计划	71230		
	先进亚音速技术计划	46920		
建筑设备及系统（3个）	建筑设备项目	5710	16660	3.68
	建筑系统项目	6310		
	建筑围护结构项目	4640		
金属（1个）	加工金属的材料和金属行动计划	2520	2520	0.56
能源和燃料（13个）	膜项目	705	135455	29.92
	地热能项目	8790		
	能量贮存系统项目	1010		
	工艺加热和冷却项目	960		
	生物质能发电项目	8950		
	先进涡轮系统项目	10890		
	同位素产品和分销项目	5750		
	铀计划技术伙伴项目和非铀浓缩应用项目	750		
	煤研发支持政策	39300		
	燃料电池稳定应用项目	15080		
	石油项目	13520		
	天然气项目	10840		
	清洁煤技术示范项目	18910		

续表

行业	研发支持政策名称	资助金额 （万美元）	行业总计 （万美元）	行业占比 （%）
陶瓷和轻型 材料（2个）	轻型运输材料项目	5840	8360	1.85
	连续纤维陶瓷复合材料项目	2520		
自动化/ 发动机/ 电动机 （5个）	新一代汽车合作计划 （PNGV）	72000	109350	24.15
	替代燃料汽车发展项目	10510		
	发动机挑战项目	1580		
	热引擎项目	3440		
	电力混合推进项目	21820		

资料来源：WTO 官网，作者整理得出。

2001 年开启了新的谈判回合，美国研发支持政策通报也进入第二个阶段。美国实施的研发支持政策开始发生变化，行业领域分类减少。由表 4-3 可知，在美国的通报文件中，1998~2018 年美国共实施了 31 个研发支持政策，涉及农业（1 个）、纺织品（2 个）、航空航天（5 个）、能源和燃料（18 个）、渔业（2 个）、医药（2 个）等 6 个领域及 1 个综合性的先进技术发展计划（ATP）。美国政策对一些领域内的研发不再提供支持，出现了项目到期停止或更新到别的领域的情况。自 2002 年的通报起，美国逐渐增加了农业、医药、渔业三个行业划分，并将原有的化学品与石油化工、建筑设备及系统、金属、陶瓷和轻型材料、自动化/发动机/电动机行业都合并到了能源和燃料这一行业中。同时，原先单独罗列的项目演进为新的项目，例如，地热能项目、能量贮存系统项目、生物质能发电项

表 4-3　1998~2018 年美国实施的研发支持政策情况

行业	研发支持政策名称	主管部门	支持手段	支持年限（年）	资助金额（万美元）	行业总计（万美元）	行业占比（%）
农业（1 个）	农业收入支持和农产品市场营销援助；生物精炼厂、可再生能源和生物技术产品制造援助计划	农业部	贷款担保	1	5700	5700	0.09%
纺织品（2 个）	纺织品和服装技术公司项目（TC2）	商务部、纺织品和服装技术公司	拨款	11	2650	3250	0.05%
	AMTEX 项目	能源部	拨款	2	600		
航空航天（5 个）	先进亚音速技术计划	宇航局	拨款	3	9190	171750	2.73%
	X-33 计划	宇航局	拨款	1	18070		
	X-34 计划	宇航局	拨款	3	9750		
	高速研究计划	宇航局	拨款	2	31300		
	航天器技术发展计划	宇航局	拨款	4	103440		

续表

行业	研发支持政策名称	主管部门	支持手段	支持年限（年）	资助金额（万美元）	行业总计（万美元）	行业占比（%）
能源和燃料（18个）	高级能源研究计划署项目：电力项目	能源部	研发基金	4	26090	4892883	77.91%
	能源供应系统网络安全性	能源部	研发基金	3	6520		
	智能电网研发	能源部	研发基金	2	840		
	小型模块化（SMR）分子反应器许可技术支持	能源部	研发基金	3	18330		
	超临界转化电力项目（STEP）	能源部	研发基金	2	180		
	燃料循环研发：核能	能源部	研发基金	4	6000		
	核能促进技术（NEET）/核能促进技术：横向技术研发（CTD）	能源部	研发基金	4	2380		
	反应堆概念研发与示范－核能	能源部	研发基金	4	10990		
	可再生能源	能源部	研发基金	16	980440		
	节能项目：运输部门	能源部	研发基金	20	729000		
	节能项目：建筑技术/建筑技术办公室、州和社区部门	能源部	研发基金	20	384600		
	节能项目：工业部门/先进制造业	能源部	研发基金	20	225490		

续表

行业	研发支持政策名称	主管部门	支持手段	支持年限（年）	资助金额（万美元）	行业总计（万美元）	行业占比（%）
能源和燃料（18 个）	化石能源研发	能源部	研发基金	17	1226760	4892883	77.91%
	技术创新贷款担保项目	能源部	贷款担保	7	422860		
	高技术汽车制造贷款项目（ATVM）	联邦政府	优惠贷款	10	757190		
	石油项目	联邦政府	拨款	3	17140		
	天然气项目	联邦政府	拨款	3	14680		
	清洁煤技术示范项目	能源部	拨款	3	63393		
渔业（2 个）	海洋拨款	—	拨款	15	94488	120714	1.92%
	索尔顿·肯尼迪（S－K）研发项目年度拨款：渔业研发	国家海洋渔业局	拨款	16	26226		
医药（2 个）	核物理、同位素开发及生产研究与应用计划/用于医药和科学的同位素办公室项目	能源部	拨款	20	94267	1012691	16.13%
	罕见药物税收抵免	联邦政府	税收减免	17	918424		
其他（1 个）	先进技术发展计划（ATP）	商务部	拨款	4	72820	72820	1.16%

注：支持年限是指对某个项目资助了多少年，余同。
资料来源：WTO 官网，作者整理得出。

目等项目演化为可再生能源项目的子项目，石油和天然气的研发支持政策逐渐归入化石能源研发项目中去，而同位素产品和分销这一项目更多地在医药领域发挥作用。在航空航天领域，美国宇航局技术管理办公室曾在 1995 ~ 1997 年对 6 个政策进行了支持，2002 年进行财政资助的只剩下航天器技术发展计划这一个研发支持政策，而自 2003 年起再也没有航空航天领域相关项目的信息。事实上，NASA 的官方网站①显示，美国仍把对航天器技术研发活动的资助纳入财政预算内，却没有再对WTO 进行通报。根据美国提供的信息，此政策的真实目的是对相关技术概念、计算信息、通信技术进行资助，受益面广泛，其中规避了不具有专向性的问题。由于行业的重新划分、前后不能完全一一对应，本研究对美国的研发支持政策通报进行研究时，分别将 1996 ~ 1998 年的 3 份通报和 1999 年以后的10 份通报合并梳理，对政策数量、资助金额、支持年限等信息分开统计，后文不再赘述。

第二，美国政府的研发支持政策资助总额具有阶段性特征。不同总统当政时期，研发支持政策总额呈现不同的特点。如图 4 - 1 所示，克林顿时期（1993 ~ 2001 年）的研发支持投入维持在一个相对稳定的水平。小布什时期（2001 ~ 2009 年）的研发支持政策资助总额呈先增后降趋势，在 2005 年达到峰值，为 24.0 亿美元，平均每个研发支持政策的资助额为 2.4 亿美元。奥巴马时期（2009 ~ 2019 年），2009 年的资助总额达到 221.09亿美元，是 1995 ~ 2018 年以来美国对研发支持政策资助最多的

---

① 资料来源：NASA. https://www.nasa.gov。

一年。2014 年，研发支持政策资助总额达到第二个峰值，平均
资助金额为 2.98 亿美元，2015 年出现断崖式下降，平均资助金
额为 1.10 亿美元。可见奥巴马当政后期削减了研发费用支出。
2017 年特朗普当政以来，开始在较低的水平上加大研发力度，2018
年研发支持政策资助总额较上年有上升的趋势。

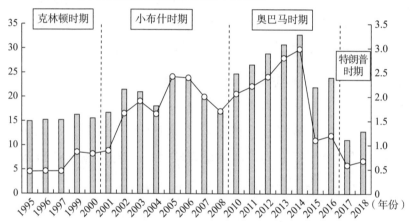

图 4 - 1　1995 ~ 2018 年美国研发支持政策资助情况

注：通报中没有 1998 年的情况，而 2009 年的研发支持政策资助总
额为 221.09 亿美元，与其他年份差距大，考虑到趋势线在差别过大的
图上显示不明显，因而将 2009 年的数据予以剔除。

资料来源：WTO 官网，作者整理得出。

　　一方面，这与不同总统时期的研发支持政策及财政支出存
在相关性。图 4 - 2 显示了 1996 ~ 2018 年美国财政预算内研发
经费支出的情况。克林顿时期，政府 R&D 预算拨款（Govern-
ment Budget Allocations for R&D，GBARD）金额走势与研发支
持政策资助总额走势大体相同；小布什时期则与研发投入强度
即研发经费支出占本国 GDP 的比重的趋势基本一致。奥巴马

时期，2009 年是研发预算最多的一年，也是研发投入强度最大的一年，因而该年度也是美国通报中研发支持政策资助金额最多的年份。但这一时期的研发支持政策通报金额与政府 R&D 预算拨款和研发投入强度的趋势都不太相符。原因可能有以下三个方面。一是金融危机后期，美国金融市场受到打击，尚未恢复，即便增加了 R&D 预算，研发投入强度的数据也并不大。反之亦成立。二是通报中的研发支持政策资助并非全部来源于财政预算体系，有一些通过筹措基金或贷款担保的项目，其资助金额可能是在预算外的。三是可能存在通报不全的问题，也许是美国政府主观上减少了对研发支持政策的通报，也有可能是其财政体系内某项政策客观上并不属于《SCM 协定》的规定的范围。这也解释了一国政府的 R&D 预算拨款和国家研发投入强度两个指标，均不能完全真实反映一国研发支持政策实

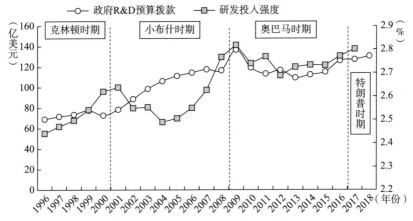

图 4 - 2　1996～2018 年美国财政预算内研发经费支出情况

注：世界银行 WDI 数据库没有披露 2018 年美国研发经费支出占
GDP 的比重的数据。

资料来源：OECD 数据库和世界银行 WDI 数据库，作者整理得出。

践情况的原因。

另一方面，研发金额的变化与 WTO 研发补贴规则谈判的过程也有一定的联系。在乌拉圭回合谈判前期，美国并不主张放松补贴纪律，对建立不可诉补贴规则持反对态度，更不希望把对研发活动的财政资助列入不可诉清单。直到克林顿上台后，美国的 GBARD 和研发投入强度才逐年增大，对研发活动的支持政策也超越了其最先提出的主张，从而反过来希望通过谈判把这种提高了的研发支持比例合法化，能够在多边体制下扩大政府资助的范围。[①] 1995 年生效的《SCM 协定》达到了美国的这一目的。彼时不可诉补贴规则尚在有效期内，因而克林顿时期美国对研发支持政策的通报较为全面，所列金额也出现上升态势。

第三，美国研发支持政策呈现明显的行业特征。一是有粗略的行业分类。美国的通报文件中所披露的行业数据较为全面，对每一年的资助政策都进行了行业分类。研发支持政策没有被单独划分出来，而是体现在各个行业的支持政策中。事实上，WTO 虽然希望各国在通报时能够明确每个项目的行业或领域，但并没有做出具体的要求或建议，即应该按照何种标准进行分类。美国也只是按照大致的行业领域进行了粗略分类，没有具体到产业部门，更没有相关的产业分类编码。受专向性规则的限制，各国通报的支持措施都不能有明显的产业专向性问题，因而美国也只是采取粗略分类，并且这一分类在历年通

---

① Stewart, T. P. , ed. , *The GATT Uraguay Round：A Negotiating History* (1986 – 1994) (New York City：Kluwer Law and Taxation Publishers, 1993)：232 – 233.

报文件的过程中变化较大，存在新增、删除或合并的情况。为了找寻行业特征，本研究尽可能地将前后关联的政策合并在一起。但由于 1999 年前后两阶段通报的行业分类差别过大，本研究做了分段列明处理。（如表 4 - 1 和表 4 - 2 所示）。

二是能源与燃料、航空航天领域是重点。从行业分布情况来看，美国针对研发活动的支持政策主要分布在能源与燃料、航空航天、医药等三大领域，能源与燃料领域最多。从表 4 - 1 中可以看出，1996 ~ 2019 年的各个通报文件中，美国的能源与燃料行业均包含研发支持政策。该行业是包含研发支持政策数量最多的领域，一共通报了 119 个政策，占通报政策总数的一半以上，数量排名第一。并且，能源与燃料行业是唯一在每次通报中都出现的领域，在 2018 年和 2019 年的通报中，该领域的研发支持政策数量达到峰值。航空航天领域和医药领域分别通报了 24 个和 20 个，占所有研发支持政策的 10.2% 和 8.5%。虽然航空航天领域的研发支持政策仅在 1996 年、1997 年、1998 年、2002 年和 2003 年这五年中出现，但加起来总项目数量已经排名第二，说明美国对航空航天领域的研发支持也较为看重。但是自 2005 年的通报起，美国不再对航空航天领域的研发支持政策进行通报。一方面，由于一些研发支持政策的实施期限已满，后续不再进行拨款资助，因而通报中不再出现，如 X - 33 计划和 X - 34 计划等。另一方面，笔者认为这可能与美欧大飞机领域争端解决案例相关。在 DS353 案例中，NASA 实施的航空研发支持政策（包括先进亚音速技术计划等）被裁定为具有专向性的补贴，且存在不利影响。在 WTO 体制下，美国需要停止进行该项支持政策。由于航空航天领域的资助项目成为争议焦点，且存在与 WTO 规则不一致的地方，美国后续没有继续对该领域的研发支持政策进行通报。

三是更重视高新技术领域研发支持政策。美国十分重视高新技术的开发和利用，并在每年度给予相关项目高额资助，甚至有些项目每年或几乎每一年都有财政拨款。图 4－3 给出了1999～2018 年这 20 年里，在工业补贴领域，美国平均每年资助金额超过 5000 万美元的 15 个研发支持政策。其投入的总金额占美国 20 年来研发支持政策资助总额的 94.49%。其主要来自能源和燃料、航空航天和医药三大领域。

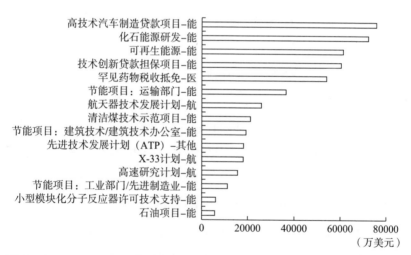

图 4－3　1999～2018 年美国主要实施的研发支持政策单位资助金额

注：单位资助金额指每个政策在已资助的年份中每年的资助金额，用该政策的总资助金额除以资助的年份计算得出。

资料来源：WTO 官网，作者整理得出。

其中，能源与燃料领域的项目最多，其中的高技术汽车制造贷款项目、化石能源研发、可再生能源及技术创新贷款担保项目的平均每年投入额都超过了 6 亿美元，分别为 7.57 亿美元、

7.21 亿美元、6.13 亿美元和 6.04 亿美元。这四个项目投入额的总占比也超过了 20 年来美国研发支持政策总额的一半。总的来看，美国比较重视可再生能源部门的技术研发，同时注重传统能源技术与节能减排并行。能源与燃料领域的支持政策主要集中在高技术的研发方面，如可再生能源技术的开发、传统能源技术的革新以及在多个部门进行的节能技术研发，还包括对核能技术的开发与利用等。这些项目中，有 3 个项目每年都有财政支持，还有 3 个项目获得了超过 10 年的连续支持。

航空航天领域涵盖了 3 个项目。虽然这 3 个项目最多只资助了 4 年，但单位资助额也均超过了 1.5 亿美元，分别为 2.58 亿美元（航天器技术发展计划）、2.11 亿美元（X - 33 计划）和 1.57 亿美元（高速研究计划）。这些项目主要用于美国航空航天技术研发。

医药领域的对罕见药物研发的支持政策资助了 17 年，主要支出用于放射性同位素医用药物和生产技术的开发，鼓励研发治疗罕见疾病或病症的药物。根据研发支持政策，具有罕见药研发资质并从事相关研究的纳税人最多可减免用于合格的临床测试费用的一半税收。ATP 更是用于美国先进技术孵化的一个综合性、指导性研发支持政策。虽然只通报了 4 年的支持金额，但其在美国发展先进技术方面起着举足轻重的作用。

（二）欧盟

1. 欧盟研发支持政策的总体情况

与美国不同，欧盟将研发支持政策的情况单独列明，并体现在"研究"分类之下。同时，欧盟各成员的通报文件是作为欧盟文件的附件进行单独通报的。本部分将单独分析欧盟整体的通报情况，后文将对主要成员的通报文件进行分析。

首先，欧盟也十分重视研发支持政策。从通报文件的分类来看，欧盟整体的分类框架较为明确，单独将研发支持政策列在"研究"这一分类之下。在针对不同领域进行通报之前，欧盟会将整体的补贴措施情况进行说明。欧盟的通报文件中没有直接用R&D相关的词汇，而是用了研究（Research）或研究与技术开发（Research and Technological Development，RTD或R&TD）这样的词汇，但实际上指的就是对科研活动的财政支持，属于研发支持政策的范畴。1996～2019年，欧盟共向SCM委员会提交了14份通报文件。在这14份通报文件中，共列出1994～2018年的187个项目的详情（见表4-4）。其中，研发支持政策有42个，占比为22.46%，数量排名第三，总金额达到3607.43亿欧元。在每年的通报中，欧盟也会指明财政支持金额较大的行业领域，"研究"类别下的支持政策的资助金额几乎每次都名列前三。

表4-4　1996～2019年欧盟通报文件中的研发支持政策数量

单位：个，%

年份	结构性	能源与运输	农业	研究	工业	渔业	其他	通报项目总数	研发支持政策数量占比
1996	3		1	1	1	1		7	14.29
1997	2		2	1	1			6	16.67
1999	2		2	2	1	2	2	11	18.18
2000	2		2	2	1	2	2	11	18.18
2001	4		2	2	1	2	2	13	15.38

年份	结构性	能源与运输	农业	研究	工业	渔业	其他	通报项目总数	研发支持政策数量占比
2003	4		2	2	1	2	2	13	15.38
2005	4		2	3	1	2	2	14	21.43
2007	4		2	3	1	2	2	14	21.43
2009	3		5	5	1		3	17	29.41
2011	3	2	5	5			2	17	29.41
2013	3	1	5	3			1	13	23.08
2015	3	3	5	5			1	17	29.41
2017	3	5	5	5			1	19	26.32
2019	3	3	5	3			1	15	20.00
总计	43	14	45	42	9	22	12	187	22.46

注：欧盟的政策分类由原文翻译而来。

资料来源：WTO 官网，作者整理得出。

其次，欧盟的研发支持政策数量有限、形式单一。欧盟每年通报的研发支持政策数量虽有变化，但都是零星几个，最多时也就通报了 5 个研发支持政策信息。原因在于这些政策主要聚焦欧盟整体的科技发展和工业进步，是具有综合性、指导性的，并对欧盟整体进行援助的框架性计划。这些计划更像一个行动纲领，在这样的框架体系内拨付一定金额支持研发创新活动。欧盟通报的研发支持政策共包括 4 个系列，分别是"欧洲原子能共同体框架计划"、"地平线 2020"和"欧共体技术研发相关行动计划" 3 个框架计划以及 1 个产业研发支持计划，分别补贴了 36.19 亿欧元、391.19 亿欧元、993.03 亿欧元和 1193.99 亿欧元。数量有限的计划构成了 1994~2018 年欧盟实际实施的全部研发支持政策（见表4-5）。并且，这些有限的政策都是通过直接拨款的形式实施的，只不过拨付的对象略有不同。表4-5中的前3类框架计划的资助对象主要是基于欧盟内部大学、研究机构和企业联合会提交的项目申请书选拔产生的。每个提交申请书的团队应由3个独立的法律实体参与，且是在不同的成员国设立的。而产业研发支持计划中的煤钢研究基金主要针对煤炭和钢铁行业的研究活动进行支持。

2. 欧盟研发支持政策的特点分析

表4-5　1996~2019年欧盟通报文件中研发支持政策一览

单位：百万欧元

政策类型	研发支持政策名称	通报年份	支持形式	支持年限	资助金额	总计
"欧洲原子能共同体框架计划"	第四次框架计划	2000/2001/2003/2005	拨款	1994~1998	1336	3619
	第五次框架计划	2000/2001/2003/2005	拨款	1998~2002	1260	
	第六次框架计划	2007/2009/2011	拨款	2002~2006	743	
	第七次框架计划	2007/2009/2011/2013/2015/2017	拨款	2007~2014	280	
"地平线2020"	"地平线2020"欧盟研究创新框架计划	2015/2017/2019	拨款	2013~2018	38495	39119
	欧洲原子能共同体补充"地平线2020"计划	2015/2017/2019	拨款	2013~2018	624	

续表

政策类型	研发支持政策名称	通报年份	支持形式	支持年限	资助金额	总计
"欧共体技术研发相关行动计划"	第三技术研发领域活动框架计划（1990～2004年）	1996	拨款	1994～1998	11879	99303
	第四研究、技术开发和示范行动计划（1994～1998年）	1999	拨款	1994～1998	11879	
	第五研究、技术开发和示范行动计划（1998～2002年）	2000/2001/2003/2005	拨款	1998～2002	13700	
	第六研究、技术开发和示范行动计划（2002～2006年）	2007/2009/2011	拨款	2003～2010	18351	
	第七研究、技术开发和示范行动计划（2007～2013年）	2009/2011/2013/2015/2017	拨款	2007～2016	43494	
产业研发支持计划	煤钢研究	2007/2011/2013/2015/2017/2019	拨款	2003～2018	119399	119399

资料来源：WTO 官网，作者整理得出。

第一，欧盟整体的研发支持政策存在固定性和持续性的特点。固定性主要表现为变化不大，也就是说欧盟的通报文件中与研发相关的政策只有这四类。持续性表现为每个项目的行动计划是不断演进且持续顺延的。这是由项目产生的背景所决定的，欧盟国家经济一体化的过程促进了这些框架计划的更替和发展。

一开始，欧洲六国建立欧洲煤钢共同体，随后又建立了欧洲原子能共同体和欧洲经济共同体。1967 年，欧共体在《布鲁塞尔条约》的生效下诞生，1993 年，欧洲联盟（European Union，欧盟或 EU）正式成立。用于煤钢研究的财政援助就是来自欧洲煤钢共同体剩余的基金。欧盟从 2003 年开始进行煤钢研发支持政策的补贴，到 2019 年共补贴了 1193.99 亿欧元，是欧盟补贴最多的研发支持政策。由于在政策执行的最初两年，从欧洲煤钢共同体结转到欧盟的金额较多，因而用于项目支持的金额较大，共计 1186 亿欧元，占该项目总金额的绝大多数。自 2005 年起，欧盟对煤炭项目的支持趋于稳定，金额也呈下降趋势。

"欧洲原子能共同体框架计划"是根据《欧共体条约》第 166 条和《建立欧洲原子能共同体条约》第 7 条实施的，目的是加强共同体内部工业部门的科学技术基础，提高竞争能力。表 4-5 显示，2000 年以来，该计划已经历了第四、五、六次和第七次框架计划的更替，到 2016 年结束。其资助金额也由第四次框架计划的 13.36 亿欧元降至第七次框架计划的 2.80 亿欧元。在欧盟最近两次的通报文件中（2017 年度和 2019 年度），2015~2018 年没有再进行相关拨款。

随之而来的是"地平线 2020"（Horizon 2020），这是欧盟 2013 年 12 月 3 日确立的综合框架计划，和"欧洲原子能共同体框架计划"一样，旨在应对科技、工业、政策和社会四大层

面不断变化的机遇和需求。该框架下有两个政策。一个是对
"欧洲原子能共同体框架计划"的补充，从 2013 年开始拨款，
共计 6.24 亿欧元。另一个是欧盟研究创新框架计划。它通过
支持从研究到市场的全方位活动，直接应对"欧洲 2020"中
提出的挑战和风险。该计划侧重以下三点：一是进行卓越的科
学研究，促进欧盟在科研方面达到世界一流水平；二是培养行
业领导力，支持包括小微企业在内的企业运作和创新；三是应
对来自社会的风险挑战。由此可知，2013 年欧盟确立"地平
线 2020"，将原先的"欧洲原子能共同体框架计划"纳入该框
架计划，并继续对其进行研发支持。"欧共体技术研发相关行
动计划"也是如此，从 1994 年开始，历经了第三、四、五、
六、七研究、技术开发和示范行动计划，共资助了 993.03 亿
欧元，是资助金额排名第二的研发支持政策。

由此可见，欧盟的研发支持政策只通过四类项目和计划实
施，每个类别都持续了十年以上，并且类别内部的各个政策也
具有很强的延续性。特别是"地平线 2020"相关计划的实施，
是对原先的"欧洲原子能共同体框架计划"的延续与发展。

第二，欧盟建立对成员的国家援助审查制度。欧盟不同于
其他 WTO 成员，是由 28 个国家①根据《马斯特里赫特条约》
(也称作《欧盟条约》)建立的经济联盟，实行统一的经济政
策。但欧盟仍然让各成员保留一定的国内财政资助的权力。根
据《欧盟条约》第 107 条，欧盟建立了对成员的国家援助审查

———————

① 截至欧盟最新一份研发支持通报提交时间（2019 年 9 月 13 日），英国尚未正式脱
欧，仍算作欧盟一员。

制度，既对各成员进行财政援助，也进行审查。一方面，欧盟委员会负责审查欧盟内部各成员提供的所有国家援助，以确定其是否符合《欧盟条约》第 107 条的规定。另一方面，各成员也必须将所有援助计划报告给欧盟委员会，欧盟委员会通过审查结果来决定如何实施国家援助政策。当一项援助计划最终被认定为不符合第 107 条的规定，欧盟委员会将阻止该成员进行援助。倘若援助已经实施，欧盟委员会可以命令偿还援助。[①]

欧盟对成员国家援助的审查与 SCM 委员会对成员补贴措施的审查具有一定的相似之处。这种相似性主要表现在协定的框架上。《欧盟条约》中规定的国家援助审查制度包括两部分：一是禁止的或可执行的国家援助的定义及类型；二是对各成员国家援助进行控制的执行机制和救济机制。[②] 这与《SCM 协定》的整体框架是极为相似的，它也包括补贴的定义、类型和对各类补贴的救济规则。该制度的建立具有一定的历史原因。欧盟在一体化进程中需要不断推进各国财政一致和法律协调，在多种协商机制下协调发展经济。为保证成员国单方面宏观经济政策与欧盟整体经济利益相一致、避免扰乱市场竞争，欧盟建立了对成员国的援助审查制度。它能够对内部市场的完整统一进行控制，并对欧盟经济、社会的协调发展起到关键的作用。

---

① Art. 107（1）of the Treaty on the Functioning of the European Union，TFEU.
② 易在成：《WTO 补贴制度欧洲化方案评析》，《中山大学学报》（社会科学版）2019年第 3 期。

（三）英国

1. 英国研发支持政策的总体情况

英国也是对研发活动较为关注的国家之一。从通报情况来看，1998～2019年，英国共向 SCM 委员会提交了 12 份通报文件，通报项目总计 651 个，通报研发支持政策 215 个，占比为 33.0%（见表 4-6）。通报的项目总数最多的年份是 2011 年，共计 29 个项目，占当年通报项目总数的 44.6%。本研究将连续通报的项目进行了合并，得到每年实际进行补贴的项目情况。从实际项目补贴的统计数据来看，1997～2018 年这 22 年间，英国共对 84 个研发支持政策进行了资助，总金额达到了 280.71 亿英镑，可见英国的研发支持政策之多、金额之大。2019 年英国共通报补贴项目 26 个，总金额为 17.42 亿英镑（约合 20.45 亿欧元），其中，研发支持政策数量为 11 个，占所有通报项目数量的 42.3%，对研发支持政策的资助金额为 13.18 亿英镑（约合 15.47 亿欧元），占所有项目总金额的 75.7%。这些研发支持政策涵盖了创新体系计划、产业发展计划、运输部门的研发创新计划等，涉及农业、生物、医疗、工业制造及新兴领域技术的开放和创新。其中，"创新英国 2014"系列计划是研发支持政策中涉及领域最广、金额最多的支持计划，包括了新兴和扶持技术、健康与生命科学、基础设施系统、投资、材料和制造业等领域，总金额约为 12.29 亿英镑，占研发支持政策总金额的 93.2%。由此可见，"创新英国 2014"已经成为英国研发计划的重要部分，并且传统制造业技术的提升和新兴技术的开发并重。

表 4 – 6　1998~2019 年英国通报文件中的研发支持政策数量

单位：个，%

通报时间	通报项目总数	研发支持政策数量	占比
1998 年	61	19	31.1
2001 年 6 月	70	19	27.1
2001 年 12 月	71	19	26.8
2003 年	64	20	31.3
2005 年	74	24	32.4
2007 年	61	19	31.1
2009 年	40	19	47.5
2011 年	65	29	44.6
2013 年	39	14	35.9
2016 年	53	14	26.4
2017 年	27	8	29.6
2019 年	26	11	42.3
总数	651	215	33.0

资料来源：WTO 官网，作者整理得出。

需要说明的是，在英国的通报文件中，R&D 比较少见，更多的是 R&D&I（R&D and Innovation，研发与创新）这样的词汇，还有些政策并没有直接显示与研发活动相关，而是将政策目标描述为支持技术的进步、创新等。无论是哪种形式，均指的是国家对研发创新活动的援助计划，即本研究所指的研发支持政策。此现象在欧盟其他成员中也普遍存在。英国没有对行业进行划分，所有的项目均按清单的形式罗列。英国还把不同地区的项目与整体实施的项目杂糅在一起，同一个项目可能会通过不同的地区政府进行财政资助。

2. 英国研发支持政策的特点分析

第一，英国的研发支持政策具有时间分布特征。总体上看，英国向 SCM 委员会通报实施的研发支持政策数量呈下降趋势，每年支持的金额波动较大，除了个别年份较多外，其他年份都保持在较低的水平（见图 4 - 4）。从研发支持政策实施的数量来看，2002 年、2003 年、2009 年与 2010 年的研发支持政策数量均达到或超过了 20 个，分别为 20 个、21 个、25 个和 26 个。2010 年是研发支持政策资助金额最多的年份，达到 118.83 亿英镑，占历年总金额的 42.3%。这一年也是通报研发支持政策数量最多的年份，政策涉及低碳环保、企业研发、废弃物处理、医用疫苗、能源等多个领域的技术研发与创新。金额的爆发式增长主要来源于 2010 年的碳信托应用研究公开征集政策，比 2009 年的拨款额增加了 4.5 倍。该政策旨在通过信托基金的方式，向高等院校和小规模技术开发商公开征集

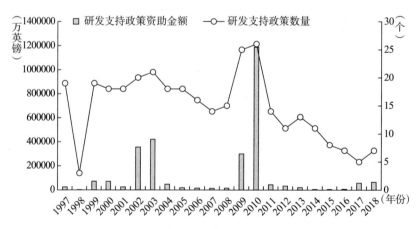

图 4 - 4 1997 ~ 2018 年英国实施的研发支持政策的数量和资助金额
资料来源：WTO 官网，作者整理得出。

低碳技术研发方案来进行资助，以提高能源使用效率，支持英国甚至欧盟履行其在《京都议定书》下的国际承诺。由于英国通报文件中缺少 1998 年的政策信息，只有 3 个政策提到在这一年进行了财政资助，因而 1998 年成为研发支持政策数量最少、金额最小的年份。

第二，英国研发支持政策呈现多样性特征。一是项目种类的多样性。从表 4 - 7 可以看出，1997～2018 年，英国一共对 84 个研发支持政策进行了财政资助，但每个研发支持政策的支持年限并不长。除了年限最长的竞争项目为 11 年外，其他年份均不超过 10 年。支持年限在 5 年及以内的研发支持政策占比超过 70%，在 3 年及以内的研发支持政策占比超过 60%。可见，英国的研发支持政策持续时间短、更替性强，实施的研发支持政策种类繁多。这也从侧面反映了，由于研发支持政策不会一直被资助下去，每个研发支持政策的独立性很强，其拨款也不受时效的限制。二是研究领域的多样性。英国的通报文件与美国不同，没有给出行业领域的分类，也没有对政府层级进行划分，所有的项目都是杂糅在一起。英国实施援助的 84 个研发支持政策包括了节能与环保、可再生能源、航空航天、运输、生物、医药、电子商务、跨领域协同技术的研发，还包括针对私营企业研发支持计划以及跨国技术研发支持政策等。三是支持形式的多样性。按照《SCM 协定》对支持形式进行粗略分类，表 4 - 7 列出了所有研发支持政策的支持形式，仍是以拨款为主，另有税收减免、贷款等资助形式。税收政策也分为多种，如疫苗研究救济、优质热电联产电力出口豁免等政策采取的是直接减税，生物柴油领域采取的是降低消费税税率，可再生能源行业采取的是税收激励政策。值得注意的是，拨款这一支持形式在英国的通报中也包含多种方式。英国的生物项目采取了实物拨款（In-kind Grants）和金融拨款（Financial Grants）两种财政拨款方式。其他政策还利用了各种金融工具，如贷款利息、风险投资、基金投资、政府参与股权投资等。

表 4 - 7　1997~2018 年英国实施的研发支持政策情况一览

单位：万英镑

序号	研发支持政策名称	支持形式	支持年限	资助金额
1	碳信托应用研究公开征集	拨款	5	1388910.00
2	疫苗研究救济	税收减免	5	639641.00
3	SMART（以前的小型企业研究和技术奖励）	拨款	6	122901.90
4	研发税收抵免	税收减免	8	117789.00
5	材料和制造业部门计划	拨款、贷款	2	69730.00
6	民用航天项目启动投资	拨款	3	48780.00
7	可再生能源政令 2009	拨款	2	43834.49
8	可再生能源技术资本拨款	拨款	7	40189.03
9	可再生可持续能源研发	拨款	5	27380.28
10	优质热电联产电力出口豁免	税收减免	7	26866.00
11	降低生物柴油消费税税率	税收优惠	2	26000.00
12	新兴和扶持技术领域计划	拨款、贷款	2	24420.00
13	个人企业研发经费	拨款	9	21062.80
14	关联协作研究方案	拨款	5	19850.00

续表

序号	研发支持政策名称	支持形式	支持年限	资助金额
15	健康与生命科学领域计划	拨款、贷款	2	16230.00
16	部门挑战	拨款	1	12000.00
17	投资北爱尔兰——R&D&I 拨款	拨款	8	11603.90
18	关联激励	拨款	3	11055.30
19	启动资助（Launch Aid）	投资	3	10800.00
20	苏格兰——苏格兰研究、发展和创新计划	拨款	6	10184.70
21	能源技术研究所（ETI）	–	6	9990.00
22	航空研发计划	拨款	8	9593.30
23	基础设施系统领域计划	拨款、贷款	2	8900.00
24	民用飞机研究和示范方案（CAR-AD）	拨款	3	6576.30
25	DFE – 可再生热能激励计划（2012 ~ 2020）	税收激励	2	6470.00
26	苏格兰——苏格兰企业支持计划	拨款	6	5070.40
27	竞争项目	拨款	11	5054.44
28	低碳技术的直接研究	拨款	7	4670.02
29	苏格兰——行政部门和苏格兰企业研发计划	拨款	4	4406.37
30	苏格兰企业研发和创新计划 2014 ~ 2020	拨款	2	3720.00
31	苏格兰研发计划	拨款	2	3570.00
32	英国新能源和可再生能源计划	拨款	3	3360.00
33	威尔士研发计划	拨款	3	3332.50
34	废物研究与创新计划及废物示范计划	拨款	7	3204.53

续表

序号	研发支持政策名称	支持形式	支持年限	资助金额
35	约克郡和亨伯－延长大公司的YH研发计划	拨款	6	2904.00
36	节能最佳实践项目	拨款	7	2833.00
37	北爱尔兰技术基金（NITECH）	拨款	5	2660.00
38	START方案	拨款	8	2349.57
39	Eurek（英国）/Eurek方案	拨款	9	2329.20
40	HIE一般区块豁免计划	拨款、贷款	4	2151.00
41	苏格兰——苏格兰企业业务支持计划2009~2013	拨款	2	2019.30
42	高技术基金	投资	2	2000.00
43	铁路研究拨款	拨款	2	1880.00
44	大型光伏示范项目第一阶段	拨款	2	1693.04
45	碳信托投资与创新	拨款	6	1680.00
46	投资领域计划	拨款	1	1600.00
47	WAG——研究、开发和创新计划	拨款	2	1553.50
48	清洁煤研发计划	拨款	4	1099.00
49	START（北爱尔兰）	拨款	3	894.54
50	投资北爱尔兰——NISPO风险资本	拨款、贷款、投资	6	867.00
51	油气供应部门（COGSS）竞争力援助计划	拨款	6	855.44
52	SMART（苏格兰）	拨款	2	762.98
53	英国煤炭研发计划	拨款	3	673.50
54	离岸供应和服务公司研究援助	拨款	3	551.00

序号	研发支持政策名称	支持形式	支持年限	资助金额
55	生物	拨款	4	510.84
56	延长优质汽车卓越中心项目	拨款	2	506.00
57	北爱尔兰——融合	拨款	4	457.00
58	苏格兰——波浪和潮汐能量支持	拨款	3	431.00
59	ONE——研发援助	拨款	2	400.00
60	投资北爱尔兰——管理信息系统电子商务计划	拨款、贷款、投资	2	390.00
61	英国技术基金	拨款	3	367.50
62	北爱尔兰 - DARD——加工和营销补助计划	拨款	2	340.00
63	产业论坛适应	拨款	2	331.05
64	苏格兰高地和岛屿——中小企业研发创新计划	拨款	8	322.12
65	北爱尔兰——全岛协同研发计划：创新	拨款	6	320.50
66	先进技术发展计划（ATP）	拨款	3	233.00
67	北爱尔兰 DETI - 可再生能源热激励（2012～2020）	税收激励	2	232.00
68	北爱尔兰——SMART	拨款	6	230.01
69	爱尔兰国际贸易——融合	拨款	2	213.70
70	低碳和研究发展方案	拨款	2	200.00
71	航班和货运的未来燃料第一阶段	拨款	1	179.13
72	LEDU - 研发	拨款	3	135.46
73	北爱尔兰-DARD——研究挑战基金	拨款	2	114.80
74	一般工业合作项目（GICP）	拨款	3	105.07

续表

序号	研发支持政策名称	支持形式	支持年限	资助金额
75	北爱尔兰国际贸易——创新	拨款	2	91.00
76	DAERA－研究挑战基金	拨款	5	89.40
77	希捷战略研究计划	拨款	1	80.00
78	北爱尔兰-DARD——农业研发计划（2013~2020）	拨款	2	77.10
79	WDA 技术增长基金	投资、贷款	3	67.67
80	苏格兰高地股权资本	投资、拨款	1	66.00
81	环境技术最佳实践项目	拨款	3	39.46
82	投资北爱尔兰——研发挑战基金	拨款	2	16.00
83	北爱尔兰－ACUMEN	拨款	2	10.20
84	环境技术创新计划	拨款	1	9.86

资料来源：WTO 官网，作者整理得出。

（四）法国

1. 法国研发支持政策的总体情况

自 WTO 建立通报文件制度以来，法国共提交了 11 份通报文件。截至 2019 年 12 月 31 日，法国最近一次的通报文件是 2017 年提交的。这些文件共通报了 87 个研发支持政策，占项目总数的 30.1%（见表 4－8）。其中，2009 年是通报研发支持政策占比最大的年份，所有的财政援助中研发支持政策占52.6%。2009 年、2013 年和 2015 年是研发支持政策数量最多的三年，分别是 10 个、10 个和 11 个。

表 4 – 8　1998～2017 年法国通报文件中的研发支持政策数量

单位：个，%

年份	通报项目总数	研发支持政策数量	占比
1998	33	7	21.2
2000	27	7	25.9
2001	27	7	25.9
2003	27	7	25.9
2005	29	8	27.6
2007	28	8	28.6
2009	19	10	52.6
2011	26	8	30.8
2013	31	10	32.3
2015	26	11	42.3
2017	16	4	25.0
总数	289	87	30.1

资料来源：WTO 官网，作者整理得出。

　　法国的通报文件分为中小企业框架（SME Schemes）、区域框架（Regional Schemes）、研发框架（R&D Schemes）、部门制度（Sectoral Regime）和其他（Others）五大门类，研发支持政策主要在研发框架下体现，并且这些分类几乎没有变化，除了一些年份没有对部门制度或其他类的相关补贴措施进行通报外，其他类别每次都被包括在内。特别是研发框架下的各项政策，更是在每一份通报文件中均有体现。这也从侧面反映了法国对研发支持政策的重视。

　　从数量和金额来看，法国向 WTO 通报了 1994～2016 年 23 年间的研发支持政策，共资助了 1018.16 亿欧元。如图 4 – 5 所示，从实施研发支持政策的数量来看，1994～2013 年这十年的走势大致呈现波动上升趋势，到 2014 年出现了断崖式下降，从 2013 年的 10 个直接下降至 2014 年的 2 个，2015 年和 2016 年的数量虽然有所回升，但也没有超过 23 年来的平均水平。

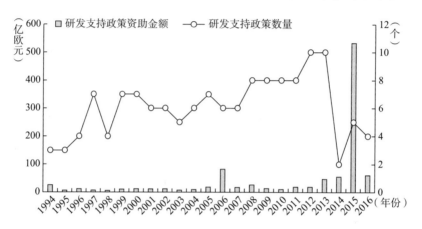

图 4 - 5　1994～2016 年法国实施的研发支持政策的数量和资助金额
资料来源：WTO 官网，作者整理得出。

从资助金额可以看出，2015 年虽然仅对 5 个项目进行了资助，却是研发支持金额最多的一年，达到 532.78 亿欧元，超过了全部研发支持金额的一半。而其他年份的资助金额均不超过 100 亿欧元。另一个峰值是 2006 年，资助金额为 82.11 亿欧元。针对促进研究的税收抵免措施，2006 年和 2015 年法国进行的税收减免力度较大，致使这两年资助金额高于其他年份。

2. 法国研发支持政策的特点分析

第一，相比于美国和英国，法国的研发支持政策的数量并不多，但持续性较强。1994～2016 年这 23 年只对 16 个研发支持政策进行了财政支出，但是大部分政策能连续补贴多年。连续支持超过 10 年的政策共 7 个，其中支持时间最长的是促进研究的税收抵免措施，一共实施了 19 年。仅有 3 个项目的支持年限低于 5 年，分别为航空创新与可持续发展研究项目、数字部门创新援助和共享创新援助平台项目、技术研究机构（IRT）和无碳能源领域的优秀研究机构（IEED）项目，这些都是在 2013 年之后通报的新项目（见表 4 - 9）。

第二，支持领域比较广泛。从表 4 - 9 可以看出，促进研究的税收抵免措施是法国资助金额最大、持续时间最长的研发支持政策，它对工商业和农业企业的研发活动的税收采取一定的减免措施，鼓励研发创新活动。工业或产业创新力与竞争力的提升也是法国研发支持政策的关注点，如产业创新基金（FII）、工业创新署工业创新促进计划援助（PMII）。法国在对航空航天和能源部门的技术研发进行激励的同时，也对数字部门这样的新兴领域进行支持。

表 4 - 9　1994～2016 年法国实施的研发支持政策情况一览

单位：次，万欧元，年

排序	研发支持政策名称	支持方式	通报次数	资助金额总计	支持年限
1	促进研究的税收抵免措施	税收抵免	11	7910708.59	19
2	国家研究机构（ANR）项目	拨款	5	608890.00	11
3	国家研究促进局（AN-VAR）项目	贷款、拨款	7	413779.94	11
4	产业创新基金（FII）	贷款、拨款	5	341106.58	11

排序	研发支持政策名称	支持方式	通报次数	资助金额总计	支持年限
5	OSEO 研发创新援助计划/研发创新援助框架计划（R&D&I）	拨款、贷款、贷款担保、税收抵免	5	291262.00	7
6	研究与技术基金（FRT）	拨款	5	151659.77	9
7	企业竞争力基金（FCE）	拨款	4	118812.10	6
8	工业创新署工业创新促进计划援助（PMII）	拨款	3	103686.31	7
9	民航研究/协助民航研究和发展项目	拨款	7	80937.51	11
10	航空创新与可持续发展研究项目	拨款	3	63900.00	4
11	青年创新企业（JEI）项目	税收抵免	6	41512.80	9
12	ATOUT-PUMA 项目	贷款、拨款	5	18834.88	11
13	技术研究机构（IRT）和无碳能源领域的优秀研究机构（IEED）项目	拨款	2	17379.00	2
14	数字部门创新援助和共享创新援助平台项目	拨款、贷款	2	11495.00	2
15	对民航部门研究机构的援助项目	拨款	8	5121.90	13
16	支持从事航空运输可持续发展研究的机构	拨款	3	2500.00	6

资料来源：WTO 官网，作者整理得出。

第三，支持形式多样。法国的研发支持主要是以不可偿还的拨款的形式下发的，还有一些是通过应偿还的预付款（即贷款）、贷款担保和税收抵免的形式实施的。在工业创新署工业创新促进计划援助（PMII）① 政策中，法国还规定了不同阶段采用不同的支持形式。在实验发展阶段，政府按现行利率为资助对象提供贷款，如果绩效超过预期，则增加额外的偿还金额；在产业研究阶段，则是通过直接拨款进行补贴。

第四，支持对象主要为高校及研究机构，还包括一些企业。对民航部门研究机构的援助项目的支持对象主要是法国国家航空研究院（ONERA）和欧洲跨音速风洞（European Transonic Wind Tunnel，ETW）这两个研究实体，而航空创新与可持续发展研究项目每年对上百个企业进行资助。另外，法国还关注中小企业和新兴企业的研发活动。产业创新基金（FII）的对象为工业企业的范围，国家研究促进局（ANVAR）项目的资助对象新设了三年以内的新技术企业。青年创新企业（JEI）项目和数字部门创新援助和共享创新援助平台项目还将大学生创业企业作为支持对象之一。

（五）德国

1. 德国研发支持政策的总体情况

德国的第一份通报文件提交于 1998 年，最新一份是 2019年。这 12 份文件中共通报了 30 个研发支持政策，占通报项目总数的 22.7%（见表 4 - 10）。在本章列举的 WTO 主要成员中，德国是对研发支持政策通报最少的国家，同时也是对所有项目通报最少的成员。在每份通报中，德国的研发支持政策只

---

① 法国认为，该计划的目的是资助研发，该计划的支出仅与研发有关，对生产成本没有影响，在项目实施前已对市场失灵进行了详细分析，以确保其方案不会产生贸易影响。

有 1 ~ 3 个，其他更多的是对区域的援助计划。2019 年的通报文件中共列明了 2017 ~ 2018 年进行研发资助的 9 个项目，总金额达到 45. 22 亿欧元。虽然研发支持政策数量为 3 个，占通报项目总数的 1/3，但金额只有 3. 59 亿欧元，占比不到 8%。尽管通报中的研发支持政策数量较少，但德国的研发支出占本国 GDP 的比重仍然较高，这说明研发支持政策通报数量少并不代表德国不重视研发创新活动。

表 4 – 10   1998 ~ 2019 年德国通报文件中研发支持政策数量

单位：个，%

年份	通报项目总数	研发支持政策数量	占比
1998	16	3	18. 8
2000	15	2	13. 3
2001	9	2	22. 2
2003	13	2	15. 4
2005	11	2	18. 2
2007	11	1	9. 1
2009	10	3	30. 0
2011	10	3	30. 0
2013	10	3	30. 0
2015	9	3	33. 3
2017	9	3	33. 3
2019	9	3	33. 3
总数	132	30	22. 7

资料来源：WTO 官网，作者整理得出。

德国的通报文件存在一些不足之处。与英国的情况相似，德国也没有对研发支持政策进行分类，所有的研发支持政策只能从每一个政策的"目标"一栏中进行识别。德国的资助金额与其他国家的表述并不一致，金额的分位符和小数点存在混用的情况，甚至不同年份的文件也没能统一。这些给本研究的统计工作增加了难度。

2. 德国研发支持政策的特点分析

第一，德国实施的研发支持政策稳定、涵盖面广（见表4-11）。这种稳定性主要体现在两个方面：一是历年实施的政策数量变化不大；二是政策的持续性较好。德国提交的12份通报文件中只涵盖了1997~2018年的8个研发支持计划。这与美国和欧盟其他三个成员（英国、法国和西班牙）的研发支持政策数量相比，是最少的。但这并不影响德国对各个部门的研发创新活动的支持。在农业领域，德国开展了利用含纤维素的农业剩余物生产沼气的优化政策，主要是对农业技术领域的改进。促进能源的有效利用、国家对生物技术领域的研究与开发的援助、德国造船厂（INNOVATIONSBEI-HILFE）等政策都是对工业领域的援助。同时，德国也对航空航天部门的技术研发实施了两个计划。德国进行研发支持最多的两个政策分别是国家民用航空研究计划和德国造船厂（INNOVATIONSBEI-HIL-FE）政策，分别资助了18年和12年。

表4-11　1997~2018年德国实施的研发支持政策情况一览

单位：年，万欧元

排序	研发支持政策名称	支持形式	资助年限	资助总额
1	促进能源的有效利用	拨款	6	3218.89
2	国家对生物技术领域研究与开发的援助	拨款	2	7510.88
3	智能制造：有利于微电子的措施	拨款	1	777.16

排序	研发支持政策名称	支持形式	资助年限	资助总额
4	智能制造：柔性半导体工艺与设备	拨款	1	307.80
5	国家民用航空研究计划	拨款	18	158567.70
6	德国造船厂（INNOVATIONSBEI-HILFE）政策	拨款	12	16430.00
7	利用含纤维素的农业剩余物生产沼气的优化	拨款	5	125.74
8	航空供应商计划	贷款	3	3046.10

资料来源：WTO官网，作者整理得出。

第二，民用航空工业和造船业是德国最重视的两大部门。与英国和法国不同，德国进行研发支持的产业领域比较清晰，主要为民用航空和造船两大产业部门。在民航领域，德国开展了国家民用航空研究计划和航空供应商计划两个研发支持政策。其中，国家民用航空研究计划是最主要的研发支持政策，持续了18年，资助金额达到了15.86亿欧元，比法国的民航研究/协助民航研究和发展项目及对民航部门研究机构的援助项目的资助总额还要多。德国认为，造船业是唯一有资格获得创新援助的行业，这种援助措施可以作为技术风险承担的一种激励。德国造船厂（INNOVATIONSBEI-HILFE）政策也是德国的传统项目，共资助了12年，资助金额共计1.64亿欧元。这两个项目的资助金额占德国历年研发支持政策资助总额的92.1%，可见民用航空工业和造船业对德国经济的重要性。

第三，德国研发支持金额呈上升态势。除了1998年的项目通报不多外，德国对其他年份的研发支持政策的金额信息进行了披露。由图 4 - 6 可知，德国研发支持政策资助金额整体呈波动上升趋势，2017 年和 2018 年是资助金额最多的两年，分别为 1.77 亿欧元和 1.82 亿欧元。其中，2018 年比 1997 年增加了 3.7 倍。这反映了德国政府在有限的政策体系下，不断增加研发支持金额。

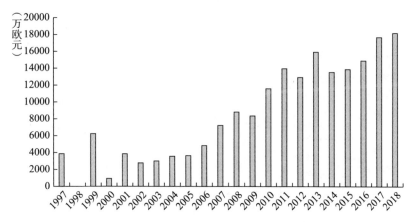

图 4 - 6　1997 ~ 2018 年德国研发支持政策资助金额

资料来源：WTO 官网，作者整理得出。

第四，支持形式和对象多样。从支持形式来看，除了航空供应商计划是提供贷款援助外，德国的其他研发支持政策均是以拨款的形式进行，也没有采取和英国、法国金融投资类似的其他形式。资助的对象除了高校及研究机构外，国家对生物技术领域研究与开发的援助及与智能制造有关的两个项目中还提到了中小企业。

第五，德国通报文件与研发支持政策的实践情况有偏差。如前文所述，德国对研发支持措施披露较少，政策数量十分有限，但这并不意味着德国不重视研发创新活动。根据世界银行统计，2017 年，德国的研发投入金额占本国 GDP 的 3.04%，排名为全球第七，比美国靠前一位，也高出全球和 OECD 国家的平均水平。从图 4 - 7 也可以看出，德国是财政预算内对研发活动经费支出最多的国家，增长速度也远高于法国、英国和西班牙。2018 年，德国的预算内的研发经费支出达到 410.32 亿美元（约合 380.21 欧元）。

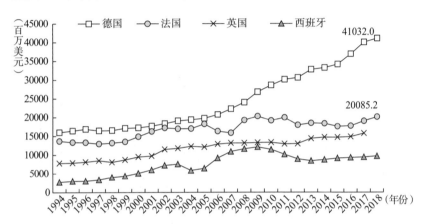

图 4 - 7 1994 ~ 2018 年欧盟四国预算内的研发经费支出情况

资料来源：OECD 数据库。

然而，德国通报的研发支持数量和金额以及相关的发展趋势都与实际研发投入差距过大。这说明德国的文件并没有对所有的政策进行通报，很有可能只通报了一小部分。也许是因为德国对研发支持的态度比较宽松，已经认定其具有一定的合法性，也存在主观判断大多数国内研发支持政策并不符合《SCM 协定》中的补贴的定义的情况。在 WTO 法律实践中，德国对民用航空大飞机的财政资助措施已经被诉至 DSB，美国作为申诉方对其相关政策的合法性提出了质疑，但德国的通报文件中却缺失了相关政策的信息。本研究只能依据 WTO 规则具有"准判例法"的性质，从争端解决案中再对德国的研发支持政策做进一步分析。

（六）西班牙

1. 西班牙研发支持政策总体情况

西班牙也是实施研发支持政策较多的欧洲国家。1998 年以来，西班牙一共向 SCM 委员会提交了 13 份通报（见表 4 - 12），包括研发支持政策 104 个，占通报项目总数的 37.5%。这个比例超过了美国、欧盟以及英、法、德三个欧盟成员，并且呈整体上升的趋势。其中，2019 年通报的研发支持政策数量占比最高，达到 65.2%。近年来，西班牙通报的项目总数开始下降，而研发支持政策的数量保持在较高水平，这足以说明支持研发创新在西班牙补贴措施中的重要性。

表 4 - 12　1998~2019 年西班牙通报文件中研发支持政策数量

单位：个，%

年份	通报项目总数	研发支持政策数量	占比
1998	14	3	21.4
2000（1 月）	13	3	23.1
2000（10 月）	13	3	23.1
2001	9	1	11.1
2003	18	1	5.6
2007	25	5	20.0
2005	14	8	57.1
2009	30	9	30.0
2011	39	17	43.6
2013	39	14	35.9
2015	27	14	51.9
2017	27	14	51.9

年份	通报项目总数	研发支持政策数量	占比
2019	23	15	65.2
总数	277	104	37.5

资料来源：WTO官网，作者整理得出。

西班牙在2019年共向WTO通报了23个项目，资助总额为24.57亿欧元，其中有关研发活动的资助政策为15个，占通报项目总数的65.20%，研发投入为19.03亿欧元，是所有项目投入总额的77.50%。研发支持政策主要涉及产学结合招收工学博士、通信项目、企业技术研发、对"地平线2020"项目的补充等方面。其中，企业技术研发是投入金额最多的项目，2017～2018年的资助金额为12.70亿欧元，占所有研发支持金额的2/3。

西班牙也对所有补贴的领域进行了分类，分为渔业、采掘业、工业和创新以及区域补贴四个类别。研发支持政策主要集中在第三个分类下的创新这一类目。与其他国家不同的是，西班牙对每个研发支持的总项目和子项目做了具体说明，但由于每个子项目也是作为独立的政策进行通报的，因而本研究没有将其合并计算，而是将每个子项目都记为单独的研发支持政策。另外，西班牙的研发支持政策多数被冠以其他名称，并不像德国的措施名称一样一目了然，很多措施名称夹杂着西班牙语，增加了我们理解政策的难度。

2. 西班牙研发支持政策的特点分析

第一，项目数量呈上升趋势，金额却回落了。由图4-8可知，1997～2018年这22年间，西班牙实施的研发支持政策数量整体呈上升趋势，但波动比较大。2014年是采取研发支持政策最多的年份，有 14 个，达到了峰值，而 2000～2002 年连续三年都只采取了 1 个政策，是历史最低点。从资助金额来看，前 12 年基本是持续增加投入的阶段，到 2008 年达到峰值，为 25.57 亿欧元，却在之后尤其是 2011 年以后呈整体呈下降的趋势。西班牙是欧盟四国中对研发经费支出最少的国家，加上金融危机和欧债主权债务危机的爆发，使得西班牙在研发活动的财政支持方面更加力不从心。1997～2018 年西班牙实施的研发支持政策情况见表 4－13。

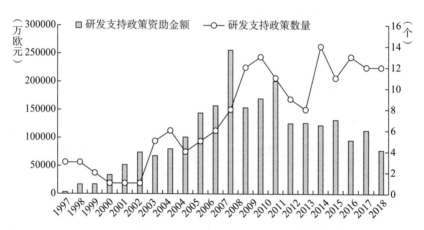

图 4－8　1997～2018 年西班牙实施的研发支持政策的数量和资助金额
资料来源：WTO 官网，作者整理得出。

表 4－13　1997～2018 年西班牙实施的研发支持政策情况一览

单位：年，万欧元

序号	研发支持政策名称	支持形式	支持年限	资助金额
1	企业研究、开发和创新（R&D&I）项目融资	拨款	10	439319.00
2	商业研发与创新项目	拨款	6	370014.00

序号	研发支持政策名称	支持形式	支持年限	资助金额
3	科技园支持计划	贷款	10	194865.23
4	技术研究开发计划	拨款、贷款	4	186216.00
5	AVANZA 研发计划	拨款、贷款	2	169938.00
6	技术研究发展方案	拨款、贷款	3	158977.00
7	国家公私合作方案（PPP）-INNPACTO 子项目	拨款	3	103250.43
8	CENIT 战略项目（通过建立国家技术研究战略联盟促进研究、开发和创新方面 PPP 方案的稳定开展）	拨款	8	97367.00
9	挑战与合作	拨款	4	83222.14
10	创新技术研究开发计划	拨款、贷款	2	82370.00
11	经济和数字社会战略行动计划	拨款、贷款	4	56286.32
12	研发创新（R&D&I）项目	拨款、贷款	1	52531.00
13	FEDER INNTERCONECTA 项目	拨款	5	47424.00
14	AVANZA 竞争力子项目（研发与创新）	拨款、贷款	2	44466.77
15	科技园区（装备）	贷款	2	29965.47
16	技术、质量和工业安全支持计划（ATYCA）	拨款	3	25480.52
17	对托雷斯·奎维多项目合同的支持	拨款	9	23440.56
18	研发竞争力次级方案	贷款	1	21847.28
19	新技术公司	拨款	9	15071.00
20	AVANZA 数字内容子项目	拨款、贷款	1	12175.48
21	纺织/服装部门的技术研究发展方案	拨款、贷款	5	10645.00

续表

序号	研发支持政策名称	支持形式	支持年限	资助金额
22	INNPRONTA	拨款、贷款	1	9800.00
23	AVANZA 绿色 ICT 子项目	拨款、贷款	1	9501.94
24	INNCORPORA	拨款、贷款	3	7977.27
25	独特的战略项目	拨款、贷款	1	6740.00
26	国际研发计划（欧洲之星计划–国际组织间子项目）	拨款	10	6732.00
27	航空领域第二部门的研发计划	拨款	3	6521.43
28	系统协调和国际化的实施过程	拨款、贷款	1	5456.91
29	就业培训项目	拨款、贷款	3	5237.72
30	根据与座椅现代化计划有关的技术方案提供的援助	拨款	2	4689.88
31	PID 技术中心子项目	拨款、贷款	2	2978.64
32	主要信息和通信技术项目	拨款、贷款	1	2879.93
33	对技术型企业的补贴——新技术	拨款	2	2636.00
34	娱乐软件、数字化社会	拨款、贷款	1	2116.93
35	PAMOTOR（欧盟国家援助大飞机项目）	贷款	1	1846.92
36	INNOGLOBAL 公司	拨款	2	1700.00
37	合作应用研究 PID 子项目	拨款、贷款	1	1685.00
38	地平线中小企业项目	拨款	3	1558.21
39	欧洲网络和运营商–欧洲技术中心	拨款	3	1374.28
40	对企业研究人员培训合同（工业博士学位）的支持	拨款	4	1289.70
41	CDTI-ERA-NET 项目	拨款、贷款	2	1200.00
42	研究、开发和创新的横向补贴	拨款	2	1197.82

序号	研发支持政策名称	支持形式	支持年限	资助金额
43	支持科学工业子项目	拨款	1	1000.00
44	技术创新平台	拨款	2	980.00
45	国家公私合作方案（PPP）-IN-NFLUYE 子项目	拨款	2	775.00
46	技术平台	拨款	2	756.00
47	创新欧洲	拨款	2	682.78
48	渔业和水产养殖创新和投资项目	拨款	1	400.00
49	建立和巩固技术中心	拨款、贷款	2	306.05
50	支持科技型企业资本化	贷款	2	243.00
51	支持促进研发成果国际开发项目	贷款	3	179.00

资料来源：WTO 官网，作者整理得出。

第二，政策数量多、持续时间短。在这 22 年里，西班牙共通报了 51 个研发支持政策，在欧盟四国中排名第二，仅次于英国。但这些政策中只有 7 个连续补贴了 5 年及以上，其余的研发支持政策都只补贴了不到 5 年。其中补贴时间最长的是企业 R&D&I 项目融资、科技园支持计划和国际研发计划（欧洲之星计划 – 国际组织间子项目），都补贴了 10 年。即便是相似的补贴目标，西班牙也在不同年份采取了不同的研发支持政策，每个研发支持政策的持续性较弱，项目更替频繁。

第三，研发支持政策涉及研发创新活动的各个方面。一是研发支持对象涉及高校、科研院所、企业、公私合营（PPP）机构、跨国联合研究机构等。二是针对欧盟框架下不能满足本国发展需要的领域进行补充。西班牙在欧盟"地平线 2020"的政策框架下，补充了对本国中小企业项目的财政援助。三是服务研发创新活动的各个环节。除了对基础研究和竞争前阶段的研发活动资助外，西班牙还重视研发创新平台的搭建、科研人才的培养与培训及技术创新的聚集效应，分别对产业园区、技术平台、鼓励进修、人才技能等方面进行援助。四是传统工业部门与新兴技术领域并重。西班牙通报的研发支持政策既涉及民航大飞机这样的具有悠久历史的老牌制造业，还包括数字内容、网络技术等相关的新兴产业领域。

二 WTO主要发达成员研发支持政策的国际比较

从WTO主要发达成员的通报整体情况来看，美欧国家的研发支持政策都存在普遍性和强度大的特点，涉及的行业、支持的形式、法律渊源有所不同。美国、欧盟对研发支持政策的信息披露较为全面，本节将以此为基础分析其与WTO规则的一致性和冲突性。

（一）WTO主要发达成员研发支持政策的特点

1. 研发支持政策普遍存在

美国、欧盟实施的研发支持政策较为普遍。从所有通报的研发支持政策数量来看，美国共实施了64个研发支持政策（1995～2018年政策数量之和），欧盟实施了4个系列的12个框架性政策，英国、法国、德国和西班牙实施研发支持政策的数量分别为84个、16个、8个和51个。这些政策涉及与技术相关的各个领域以及研发活动的多个环节。WTO主要发达成员不仅对工业制造业进行了相关的资助，还注重农业技术、纺织品技术甚至高新技术人才的培养，并且许多研发支持政策连续实施了多年，尤其是欧盟和德国，研发支持政策的数量虽少，但大多数政策具有很强的稳定性和持续性，连续多年对研发相关的活动进行资助。欧盟、法国和西班牙还在通报文件中将研发支持政策单独罗列，说明其均已形成了一定的研发创新政策体系。

2. 研发支持力度大

从研发投入的情况来看，欧盟、美国都在不断地增加对研发活动的支持，2020 年，美国和德国的研发投入强度高达 3.45% 和 3.20%，远高于世界 2.63% 的平均水平，分别居全球第五位和第八位。[①] 主要发达成员对研发支持政策资助金额也非常多。按年均资助金额的美元计算，WTO 主要成员通报的研发支持政策的年平均资助金额如下：美国为 29.27 亿美元，欧盟约为 156.46 亿美元，英国、法国、西班牙三国分别为 17.01 亿美元（13.12 亿英镑）、61.02 亿美元（46.28 亿欧元）和 11.4 亿美元（10.52 亿欧元）。如前文所述，德国研发支持通报的情况与实际进行的研发支持情况差异较大，因而这里没有与其他发达成员进行比较。除了这些用在具体项目上的资助金额外，主要发达经济体对科学研究与发展的财政预算拨款金额也很大。根据 OECD 数据库的数据，2009～2018 年美国、英国、法国、德国和西班牙的 GBARD 平均支出分别为 120.74 亿美

---

① 根据 WDI 最新数据，2020 年，研发投入占 GDP 比重排名前九的经济体分别为：以色列、韩国、瑞典、比利时、美国、日本、奥地利、德国和丹麦。中国为 2.40%、法国为 2.35%，欧盟为 2.32%，西班牙为 1.41%，排名分布于全球第 13～27 位。

元、14.07亿美元、18.85亿美元、33.40亿美元和9.70亿美元，而2018年OECD经济体的平均数据仅为12.42亿美元。2020年，美国、英国、法国、德国、西班牙五国的GBARD分别又比2019年增长了13.29%、3.14%、5.11%、9.34%和7.41%。[①]可见，这些发达经济体对研发活动的重视程度比较高、政府的支持力度都比较大。

3. 研发支持政策的行业领域特点

美国和欧盟四国有共同关注的行业。各国纷纷在可再生能源、节能技术、航空航天、新兴产业等领域实施了大量的研发支持政策。这些产业关系到经济社会发展的关键环节，技术的革新能带来相关领域的不断提升，从而提高能源使用效率、节省工业成本、改善居民生活方式、促进经济进步，还能提高国家科学技术的整体能力，甚至对国防、科技、教育都起着至关重要的作用。

民航大飞机制造业是这六个经济体都十分重视的产业，各自投入了巨额的研发支持资金。美国实施了先进亚音速技术计划、先进技术发展计划（ATP），欧盟通过R&TD框架计划及示范计划对成员进行研发支持，英国采取了启动资助（Launch Aid）和民用飞机研究和示范方案（CARAD）的相关政策，法国实施了民航研究/协助民航研究和发展项目，德国实施了国家民用航空研究计划，西班牙则通过技术研究发展方案和PAMOTOR（欧盟国家援助大飞机项目）对民航大飞机的设计、研发进行资助。

---

① 该数据由作者计算得出。

西班牙与其他国家略有不同，既对跨国研发支持政策进行支持，又关注研发创新活动的多个环节，包括创新平台的搭建、科研人才的培养和培训以及技术创新的聚集效应，对产业园区、技术平台、鼓励进修、人才技能等方面进行援助。这一点与中国的研发支持政策体系有相似之处。

4. 研发支持的形式不同

按照《SCM 协定》的大致分类，财政资助政策分为拨款、贷款、股权参与、贷款担保、税收抵免和财政激励措施等形式。在这几个成员的通报文件中，都没有完全按照第 1.1 款（a）项的规定进行分类。除了比较明显的拨款、贷款、贷款担保及税收政策外，其他更多的执行方式是给出了具体的解释。本研究在梳理这些政策时，尽量按照统一的口径将这些资助方式简单地划分为拨款、贷款、贷款担保、税收抵免及投资。实际上，美国、欧盟及欧盟四国的研发支持政策主要以财政拨款为主，税收和贷款都是辅助的手段。美国更多的是设立研发基金，欧盟更倾向于直接拨付无须偿还的补助。美国通常按照股权或成本比例设立研发基金，其他费用要么将研发成果的市场利润转化为下阶段基金（用于医药和科学的同位素办公室项目），要么由私人部门自行筹措。欧盟四国在本国境内更注重融资工具的使用，他们通过政府股权参与设立基金或通过金融政策为项目提供融资便利，既能对一些竞争性项目进行资助又能获得利益分红以减轻政府财政负担。虽然本质上都是拨款的形式，但英国、法国、德国、西班牙四国更注重金融工具在其中的作用。中国的研发支持政策以拨款和税收减免为主，拨款也是由政府直接拨款，并没有过多地使用市场化机制或金融工具，这与发达经济体存在差异。

5. 研发支持通报不全面

如前文所述，在欧盟、美国的大飞机争端这两个案件中，涉及了多项研发支持政策，但并不是所有涉及的项目都会在各成员的通报中出现。这也就意味着，主要发达成员的通报文件是不全面的，至少没有对研发支持政策进行完全通报。在DS353美国波音案中，欧盟及其成员提到了NASA实施的8个航空研发计划，但在美国历年的通报中，仅出现了高速研究计划和先进亚音速技术计划两项航空航天领域的研发支持政策，其他6个项目并未出现。美国对DOC采取的ATP进行了通报，而DOD实施的23个研发支持政策中并没有出现在美国的研发支持通报中。在DS316欧洲空客案中，欧盟对每一个研究与发展框架计划都进行了通报，但没有对其详细信息进行披露，通报文件中无法识别该笔金额用于哪些领域或哪些企业。欧盟四国的通报也存在少报、漏报的情况。案例中，各国的LA/MSF也构成了具有专向性的补贴，但除了英国的通报中包含一项"启动资助（Launch Aid）"的研发计划外，其他国家均未通报。同时，英国通报此项目的贸易影响时指出，该研发计划是属于对竞争前研发阶段的资助，仅仅用于新工艺的改进和新产品的开发。但事实上，这项计划构成了补贴。漏报情况比较严重的是德国。在德国的12份通报中并未包含任何一项涉案的研发支持计划。英国、法国、西班牙三国也只是对部分研发支持政策进行了通报。直到欧盟、美国双方诉诸DSB，这些研发支持政策才"暴露"出来。倘若双方没有互相抓住大飞机资助政策的"把柄"，那么这些没有进行通报的研发支持政策不会在多边层面"曝光"，甚至可能会一直得到资助，成为 WTO 规则无法管制的"灰色区域"。可见，主要发达成员在研发支持政策方面的通报不主动也不全面，各方都没有完全尽到 WTO 要求的通报义务。

6. 政策制定具有隐蔽性

一是政策目标的广泛性。虽然美国、欧盟的多数研发支持政策在于促进某一产业或某一行业的技术创新和开发，但在政策目标的设置上更加隐晦。欧盟 R&TD 框架计划的目的在于"加强欧盟内部工业的科学和技术基础，提升竞争力"。而在欧洲空客案中，美国通过多项证据才认定该计划的主要目标包括"提高欧洲航空工业的竞争力"，也通过拨款的方式对空客公司提供了高额资助。英国的先进技术发展计划（TP）和美国的先进技术发展计划（ATP）通过设置广泛的资助对象来模糊原本可能产生的专向性问题，从而在争端解决案件中得到豁免。

二是实施主体的间接性。发达成员通过第三方实施研发支持的情况较多。虽然美国政府的下属机构建立了多项研发基金计划，如能源部及其下属各项办公室、国防部、商务部、NASA 等，但多数都是通过合作协议和服务购买的形式开展的。英国设立了"创新英国"机构，来实施"创新英国 2014"的系列计划。其他国家也采取了成立行业协会或产业组织的形式，以实施国家的研发支持政策。

三是资助手段的多样性。在通报文件中，发达成员实施的多数研发支持政策的主要方式为直接拨款、贷款和税收优惠。但实际上，一些研发支持的拨款方式呈现隐蔽性和多样性特点。美国通常按照股权或成本比例设立研发基金，其他费用要么将研发成果的市场利润转化为下阶段基金，要么由私人部门自行筹措。在选择支持对象的过程中，美国更注重公平竞争程序，通过自主申报、统一评审后才能进行资助。欧盟国家则使用更多的融资工具，他们通过政府股权参与设立基金或通过金融政策为项目提供融资便利，甚至通过投资公共基础设施建设的方式对技术密集型产业进行研发支持。

（二）WTO 主要发达成员研发支持政策的合规性分析

鉴于不可诉补贴规则仍处于失效状态，只能通过补贴的定义、分类及程序性规则对其是否违背 WTO 义务进行判断。与研发支持相关的 WTO 规则主要集中体现在《SCM 协定》里。该协定第 1 条规定，补贴的定义包含了"提供者"、"政府的财政资助"及"授予了某项利益"三个要件，判断是否构成禁止性补贴或可诉补贴还要针对"专向性"进行筛查和分类。在多边贸易体制内，当一成员对另一成员的补贴措施征收反补贴税或申请磋商乃至进入争端解决程序时，需要对"不利影响"进行举证。《SCM 协定》第 5 条和第 6 条对不利影响的三种情况进行了详细规定。本研究所指的研发支持是在 WTO 框架下定义的，也就是受《SCM 协定》约束的那部分研发支持，因而也将根据上述规定，对 WTO 主要发达成员的研发支持政策进行一致性分析。综观主要发达成员的研发支持政策，"政府的财政资助"和"授予了某项利益"是非常明显的，无须过多判断；补贴的"提供者"、"专向性"及"不利影响"信息提供比较完善，同时也是法律实践中关注的重点，因此本研究主要从这三个方面进行一致性分析。

1. 补贴的"提供者"

在补贴与反补贴实践中,"公共机构"通常是争端的焦点。公共机构应当是政府职权的代理机构,政府将其职能或带有公共性质的职能授权给实体行使。① 美国、欧盟的研发支持的提供者主要由以下几类构成。

一是政府或政府直属机构,如美国的联邦政府、州政府,以及下属商务部、能源部、NASA 等政府职能机构。其他国家亦然。无论是下降到哪个层级的政府或直属机构,都是《SCM 协定》所指的政府。美国能源部下属办公室设立了不同的研发基金,表面是由这个研发基金来进行资助,实际上这个研发基金的管理者还是政府的直属机构。

二是政府设立的非政府直属部门机构。这种机构并不包括私人部门,它不是政府机构的一部分但属于体制内的单位,代替政府行使职权。这种形式在各国都比较常见,也比较容易判断为"公共机构"。"创新英国 2014"相关战略的实施都是通过"Innovate UK"机构来实现拨款的。这是由英国商务部、能源部和工业战略部赞助成立的非部门性公共行政机构,隶属新机构——英国研究创新(UK Research and Innovate,UKRI)。它与英格兰研究(Research England)及其他 7 个研究委员会共同组成 UKRI。英国政府将资金直接拨付给 Innovate UK,再通过竞争性选拔程序确定资助对象。西班牙自 2005 年起就建立了国家技术研究战略联盟(CENIT)来促进研究、开发和创新

① 龚柏华:《国有企业是否当然为〈补贴与反补贴协定〉第 1.1 条意义上"公共机构"辨析——兼评美国对来自中国某些产品最终反倾销和反补贴税措施 WTO 争端案》,《国际商务研究》2010 年第 6 期。

方面 PPP 方案的稳定开展。

三是根据政府与私营机构的合作协议成立第三方机构。美国纺织品和服装技术公司（TC2）项目中，商务部将资金划拨给 TC2 这样一个非营利性会员组织，再由其对进行基础研究的项目方案进一步拨款。这种非营利的行业协会性质的组织，公共性较强，可以直接被认定为公共机构。在美国另一个化石能源研发支持政策中，为确保联邦政府资助的研发技术与市场需求和公共需求相关且能进行商业转换，能源部化石能源办公室利用成本分摊合同及 CRADA 等机制，与工业界建立伙伴关系，再对项目进行拨款。那么，此类第三方机构是否能被直接认定为公共机构呢？从政府资助的实际转移的角度来看，该机构确实是在能源部的授权下代为行使公共拨款的职权，几乎可以直接被认定为公共机构。若此第三方机构是由政府股权投资成立的营利性企业，那么其还能直接被认定为公共机构吗？从主要发达成员的通报文件中已详细列明的信息来看，研发支持政策的主体并没有此类机构。事实上，带有国家资本的企业就是这样的性质。在 DS379 案例中，美国主张公共机构即为政府所有或所控制的实体，专家组利用"政府对某一公司的控制利益"来确定该机构，上诉机构推翻了这一司法解释，认为"公共机构指任何为政府所控制的实体"并不恰当，从而认定该案中的国有企业并非公共机构。[①]

对公共机构的判定比较复杂，对其的界定、其特点都会因

---

① "United States-Definitive Anti-Dumping and Countervailing Duties on Certain Products from China-AB – 2010 – 3 – Report of the Appellate Body," WT/DS379/AB/R. November 03 2011.

不同的实体、不同的国家、不同的案例而不同①，不能一概而论，更不能简单判定，因此要具体问题具体分析。但可以初步判定的是，美欧通报的研发支持政策都符合《SCM 协定》第1.1 款的补贴的定义，都是受 WTO 规则约束的补贴措施，构成了可诉补贴。至于是否违背 WTO 义务，还要看各方在专向性及不利影响等问题上的辩解，以及专家组和上诉机构的裁决。

2. 补贴的"专向性"

这 6 个发达经济体通报的研发支持政策中，并没有直接表明有出口补贴或进口替代补贴这两类禁止性补贴。详细信息更多地被提供在补贴的目的和对象这两个类目下，需要通过逐一筛查进行初步判断。但这些数据往往并不齐全，很少有能够直接判断具有《SCM 协定》第2.1 款所指的企业专向性、产业专向性或地区专向性的问题。

美国和欧盟及其成员在民用航空飞行器领域的研发支持政策争议点较多。美国指责包括欧盟研究、技术开发和示范行动计划、英国民用飞机研究和示范方案（CARAD）、法国的与民航研究相关的项目以及四国成员通过启动资助或成员融资（LA/MSF）对空客公司大飞机的设计和研发的资助等构成了专向性补贴，欧盟则认定美国航空航天局（NASA）、国防部（DOD）及商务部（DOC）为波音公司提供的资助也是专向性补贴。这些仅仅是在上述通报文件中通报的项目。专家组和上诉机构通过每个项目的描述、实施情况、资金运作等给出是否

---

① 龚柏华：《WTO 二十周年：争端解决与中国》，上海人民出版社，2016。

具有专向性的判断。英国的先进技术发展计划（TP）和美国的先进技术发展计划（ATP）都在争端解决案件中被裁定为不具有专向性的研发支持政策。而其他研发支持都被认定为构成了符合《SCM 协定》第 2 条规定的专向性补贴。在双方抗辩及专家组和上诉机构审理过程中，各方都对政策的具体目标、合作模式、实施过程、资金运作、成果使用等多方面的信息进行了剖析。这两个研发支持政策都是通过公开的竞争性投标机制进行的，虽然有指出重点扶持的领域，但尽量扩大资助对象企业的数量、行业范围和地区广度，以此来模糊政策的专向性。而欧盟的研究、技术开发和示范行动计划对资助对象做了明确限定，仅限于航空航天类的企业，从而被认定为具有专向性的补贴。

从美国、欧盟的研发支持政策的实施情况来看，大部分研发支持的专向性问题是比较模糊的。一般情况下，各国政府并不会在通报文件的"目的"和"对象"项下给出详细而具体的企业、产业或地区。即便有实体的出现，大多数为政府机构。但是，一旦深究该实体的运营方式和目的，就会产生一定的专向性问题。例如在法国对民航部门研究机构的援助项目中，其研究的目的被描述为"帮助一些非营利研究机构获得其活动所需的设备"，资助对象为 ONERA 和 ETW 两个非营利性实体。这两个研究机构提供设施设备、技术服务的具体对象并没有详细给出，但实际上是提供给民航领域甚至是空客公司用以新机型的开发和设计，属于事实上的专向性。除此之外，一些研发支持虽然是具有专向性的，但有很明显的公共性质。英国的废物研究与创新计划及废物示范计划，主要目的在于促进废物处理技术的创新研究并增强相关技术的实际应用。该政策的产业指示性已非常明显，但由于属于公共事业，还得从"不利影响"方面综合考虑。

因此，美欧国家的研发支持不是不具有专向性，而是专向性问题需要根据《SCM 协定》和相关判例做进一步判断。大多数政策还是用广泛的资助对象、不指定某几类产业的方式来模糊这种专向性。由此可以推测，正是因为专向性问题的存在，各国才没有在通报文件中按 WTO 规定的那样提供详细的产品或产业类别。

3. "不利影响"即贸易影响

《SCM 协定》第 25 条规定各成员应当在通报文件中提供与贸易影响有关的信息，并且应详细到可以作为判定是否损害贸易利益的依据。从 6 个成员的实践来看，欧盟国家对这一信息披露更多，也更在乎本国研发支持政策与不可诉补贴条款的关系。尽管不可诉补贴规则已经失效多时，但在很多政策的条目下都引用了《SCM 协定》第 8.2 款（a）项针对 WTO 研发补贴规则的相关规定。本研究将这些与贸易影响相关的研发支持政策分为三类。

第一类是指出研发活动是否对贸易产生影响的政策。这种情况在美国的通报文件中较为常见，但措辞含糊。在 2019 年美国的通报文件中，大多数能源领域的支持政策在"贸易影响"（trade effects）项下都注明："鉴于该研发援助的范围和性质，如有影响，不能确定该计划可能产生的贸易影响。"换句话说，研发支持政策可能会影响到贸易，但还不能确定。除此之外，没有其他相关信息。

　　第二类是援引 WTO 研发补贴规则的相关政策。欧盟国家更注重 WTO 关于补贴规则的引用。这在西班牙的研发支持通报文件中最为常见。在西班牙 2019 年的通报文件中，"挑战与合作"（Challenges-Cooperation）项目就做了以下陈述：该方案主要用于 PPP 框架下的研发支持政策的资助，研发拨款对货物贸易没有影响；就研发活动的性质而言，工业研究、试验开发和技术及可行性研究阶段与产品投入市场相距甚远；这类支持符合《SCM 协定》第 8.2 款（a）项规定，即所谓的 WTO 研发补贴规则中的不可诉的研发补贴条款。尽管这一规则已经失效，但西班牙仍在文件中援引此类定义，用以解释"没有贸易影响"的事实。其他国家如法国、英国还有西班牙其他年份的通报文件中也出现了相关情况，或说明某项政策仅用于基础性研究和竞争前部分的产业研究阶段。

　　第三类是给出其他详细信息的研发支持政策。法国工业创新署实施的工业创新促进计划援助（PMII）中指出，该计划的目的是资助研发，该支出仅与研发有关，对生产成本没有影响；在项目实施前已对市场失灵进行了详细分析，以确保该方案不产生贸易影响。在碳信托应用研究公开征集项目中，英国认为该支持主要提供给技术开发阶段的非常小的公司且提供的研发支持规模较小，这些小公司没有实质性的出口能力，因此不存在贸易影响。除了自己对贸易影响的定性分析外，英国还会引用欧盟对成员国家援助的审查结果作为判定其不存在贸易影响的证据。低碳技术的直接研究项目既是如此。欧盟委员会认为该项目构成了一项国家援助，符合研发与创新框架中提供的指导原则，因此通过了平衡测试。英国的通报文件中指出，由于早期研发投资的知识溢出市场失灵，且提供的金额相对较少，预计该项目不会对国际贸易产生重大影响。

事实上，即便是提供了这三类贸易影响信息，这些研发支持政策的"不利影响"仍无法直接被确定。有关贸易影响的信息只能作为初步判断的参考，既不能直接判断其对贸易伙伴造成了实质的影响和损害，也不能因为贸易效应的不确定性而认为其不存在不利影响。

三　本章小节

本章基于WTO通报文件研究了主要发达成员研发支持政策的现状，并针对其一致性问题进行了初步探讨。在成员选择上，美国、欧盟是最主要的成员，双方针对研发支持政策互相提起了争端，即编号为DS353和DS316的两个大飞机资助措施争端解决案例，其中涉及了英国、法国、德国和西班牙的诸多研发支持政策，因此本书还选取了这四个欧盟国家作为分析对象。所有通报文件的时间段为1995年1月1日至2019年12月31日。

美欧是WTO最重要的两大成员，也是最重视研发支持的两大经济体。在美国的13份通报文件中，研发支持政策数量占比为36.3%，政策数量多、金额大。这些研发支持政策通常以拨款的方式通过竞争性选拔程序进行，支持形式较为单一。时间分布呈现两个阶段特征。同时，不同总统当政时期，研发支持政策资助总额呈现不同的特点。美国研发支持具有明显的行业特征：一是有粗略的行业分类，研发支持政策混杂在每个行业中；二是能源与燃料、航空航天领域的政策最多；三是更重视包括高技术汽车制造、化石能源研发、可再生能源、航空航天及医药领域在内的高新技术领域的研发支持政策，连续多年资助并拨付了大量金额。欧盟共提交了14份通报文件，研发支持政策数量占比为22.46%，每份通报中研究类资助的金额总是名列前三。但是，欧盟的研发支持政策数量有限、形式单一，政策实施具有固定性和持续性的特点。欧盟不同于其他WTO成员，建立了对成员的国家援助及审查制度，既对各成员进行财政援助，同时也进行审查。

欧盟不仅作为整体进行通报，各成员的通报还作为欧盟附件单独进行。我们研究了英、法、德、西四个实施研发支持政策较多的成员的具体情况。英国提交的12份通报文件中，研发支持政策占比为33.0%，也呈现项目多、金额大的特点。在最近一年的通报中，"创新英国2014"政策体系十分显著。从实施情况来看，虽然整体的研发支持政策数量呈下降趋势，却在项目种类、研究领域、支持形式上存在多样性。法国提交的11份通报文件中研发支持政策数量占比为30.1%，并且有大致的分类，数量呈现波动上升和骤减两个阶段特征，支持金额则在2015年最多。法国实施的研发支持政策持续性强、资助领域广泛、形式多样，资助对象涵盖高校、研究机构、企业。德国提交的12份通报文件中研发支持政策数量占比为22.7%，是通报研发支持政策数量最少的成员，还存在通报不足的情况。德国的研发支持政策稳定、涵盖面广；民用航空和造船业是其最重视的两大部门；资助金额呈上升态势；支持形式和对象也呈现多样性特点。然而，德国的通报文件与研发支持政策的实践情况有偏差。一方面，尽管德国对研发支持措施披露较少，项目数量十分有限，但其研发投入金额占 GDP 的比重全球排名第七，高出世界平均水平，是这些发达成员中最高的；另一方面，争端解决案例中所指出的研发支持政策大多数并没有在通报文件中体现，可见有通报不全的问题。西班牙共提交了 13 份通报，研发支持政策占比为 37.5%，在这些发达成员中排名第一。西班牙的通报文件有简单的分类，但很多研发支持政策都被冠以复杂的名称，加剧了理解政策的难度。事实上，西班牙研发支持政策的数量呈上升趋势、金额却在回落，整体上存在政策数量多、持续时间短、更替频繁的特征。不同于其他发展中成员，西班牙的研发支持政策涉及研发创新活动的各个方面：一是包含了更广泛的对象，如公私合营（PPP）机构、跨国联合研究机构等；二是针对欧盟框架政策进行了满足本国发展需求的补充；三是涵盖了多个环节；四是传统工业部门与新兴技术领域并重。

从横向比较来看，主要发达成员的研发支持政策共性和个性并存。第一，研发支持政策普遍存在，各成员都实施了大量的政策，涵盖了广泛的行业领域，多数政策持续时间较长。第二，无论是各成员的研发投入强度还是研发支持政策的年均资助力度都比较大。第三，发达成员有共同关注的行业，如可再生能源、节能技术、航空航天、新兴产业等领域，西班牙还关注了跨国研发及研发的其他环节，如创新平台的建立、人才的培养和引进等。第四，支持形式均以拨款为主，以贷款、贷款担保、税收为辅，欧洲国家更注重金融工具的使用。第五，研发支持政策通报不全面，存在主观上的漏报、少报的现象，德国是通报透明度最差的发达成员。第六，研发支持政策的制定具有策略性，主要体现为政策目标的广泛性、实施主体的间接性、资助手段的多样性。

鉴于不可诉补贴规则仍处于失效状态，只能通过补贴的定义、分类及程序性规则对其是否违背 WTO 义务进行判断。首先，主要发达成员研发支持实施的主体多属于"公共机构"的范畴。而在 WTO 框架下，"公共机构"通常是争端的焦点，相关的判定比较复杂，对其界定、其特点都会因不同的实体、不同的国家、不同的案例而不同。美欧通报的研发支持政策符合《SCM 协定》补贴定义，构成了可诉补贴。其次，美欧成员研发支持政策的专向性问题并不清晰，多数政策通过广泛的补贴对象、不指定某几类产业的方式来模糊专向性。因而这些研发支持不是不具有专向性，而是需要根据《SCM 协定》和相关判例做进一步判断。特别地，在 WTO 争端解决案例中出现了许多与研发支持相关的争议焦点，也被裁决为违规补贴。最后，美国、欧盟及其成员的通报文件中都提供了一些有关贸易影响的信息，包括直接指出其是否存在影响、引用 WTO 研发补贴规则条款及其他具体政策信息三种，但只能作为初步判断的参考，仍无法直接判定"不利影响"的问题。这与 WTO 所要求的通报信息存在差异。综上所述，本研究初步判定美欧成员实施的研发支持存在与 WTO 规则不一致的地方。

第五章
中国研发支持政策的实践

　　中国是多边贸易体制的积极参与者、坚定维护者和重要贡献者①，又是主要的发展中成员，在 WTO 中的地位和作用不容忽视。入世以来，中国也采取了大量的措施支持技术研究与创新活动。中国的研发支持政策体系也是 WTO 研发补贴制度框架的重要组成部分。由于中国提交的补贴通报较少、内容不完全，本章将对中国补贴通报中、双边反补贴案例中的研发支持政策进行梳理，分析中国政策通报和政策实施的现状与特点，再分析中国研发支持政策体系的合规性问题。本章希望通过分析政策实践以对中国研发支持政策的制定和实施提出针对性的建议和策略。

---

　　① "China's Proposal on WTO Reform"，WT/GC/W/773. 13 May 2019.

一　中国研发支持政策的总体情况

（一）中国研发支持政策的通报时间虽短但政策数量多

截至 2019 年 12 月 31 日，中国共向 SCM 委员会提交了 5 份中央政府层面的研发支持政策通报文件。第一份是在入世过渡期结束后的 2006 年提交的，最近一份的提交时间是 2019 年，共计 112 个研发支持政策（见表 5-1），占补贴措施总数的 26.79%。中国通报的研发支持政策数量超过了法国（87 个）和德国（30 个）。其中，2011 年是通报研发支持政策最多的一年。

表 5-1　2006~2019 年中国研发支持政策通报情况

单位：个，%

通报年份	研发支持政策数量	通报项目总数	研发支持政策数量占比	政策实施年份
2006/2013*	24	78	30.77	2001~2004
2011	31	93	33.33	2005~2008
2015	26	86	30.23	2009~2014
2018	21	82	25.61	2015~2016
2019	10	79	12.66	2017~2018
合计	112	418	26.79	2001~2018

＊表示 2013 年中国又将 2006 年的补贴通报重新提交了一次，两份内容相同。

资料来源：WTO 官网，作者整理得出。

中国的研发支持政策通报数量的减少并不意味着对科学技术研究发展的不支持。中国的研发投入强度和中央财政研发支出正在逐年增加，通报项目数量减少可能有以下几种原因。第一，随着中国在 WTO 参与度的提升，国内产业政策的合规程度有了显著提高，越来越多的研发支持措施符合 WTO 相关规则，不在《SCM 协定》的管辖范围，因而也可以免于通报。第二，政策措施随着中国产业结构升级有了新的变化，一些过时的政策逐渐被替代甚至废除。第三，中国在发展过程中注重内部改革，政府的研发支持政策在机构改革、简政放权、科学管理的过程中出现删减或合并。

（二）中国的研发支持政策与发达成员不同

1. 研发支持政策的形式

中国的通报文件的正文部分主要是中央政府实施的研发支持政策，而地方的研发支持政策是作为文件附件或另一个补充文件提交的。虽然美国也把联邦政府的研发支持政策作为正文、州政府的研发支持政策作为附录，但其州政府具有很强的独立性，很大程度上并不和联邦政府在同一预算体制内。欧盟四国均没有将地方财政单独划分出来，甚至把地方政策和中央政策并列通报。

2. 研发支持政策的透明度

尽管中国通报的项目数量多，但与研发支持政策相关的内容披露较少。一是每个政策的内容不全面。与欧美国家的通报相比，中国的通报内容不够详细，大部分项目里没有对投入金额、贸易影响等相关数据进行披露。在 112 个通报的研发支持政策中，仅有39个研发支持政策对每年投入的金额进行了通报，并且没有一个研发支持政策对与贸易影响相关的数据进行通报。因此，本研究无法得知研发支持政策具体的实施情况，如接受财政援助的实体数量、得到的资助额度等。二是缺少部门领域信息。中国也没有对各类研发支持政策进行部门领域的分类。三是通报的措施不全。从中国通报的研发支持政策来看，只包含了大量的研发税收措施和少量的研发计划，国家采取的技术创新发展规划并不在通报文件中。在双边反补贴争端中提到的一些研发支持政策也没有被列入。这些都说明中国对研发支持政策通报不详细。

3. 研发支持政策的制定

整体上看，中国对研发支持政策的描述较为直接（见表5-2）。一是政策名称直接体现政策目标、对象、形式等信息。如集成电路产业研究与开发专项资金、电子信息产业发展基金、风力发电设备产业化专项资金等政策，直接将资助的产业放在政策名称中，很可能被认定为具有产业专向性的补贴。一些政策名称中同样也会出现地区名称，或划定了补贴企业范围，这些都可能不符合《SCM协定》中有关专向性的规定。二是补贴主体单一。中国研发支持政策的实施主体为政府，如中央直属的国家税务总局、财政部、国家发展改革委、商务部等，没有合作机构，也不存在设立第三方代理机构的现象。三是补贴对象不够广泛。大型客机和新支线飞机增值税优惠政策，大型客机和大型客机发动机整机设计制造企业房产税、城镇土地使用税优惠政策，农业科技成果转化与技术推广服务补助资金等政策中，中国将研发支持政策的对象设置为某类特定的企业和个人，如航空科技研发生产企业和农业技术相关的企业。四是资助方式较为直接。不同于前文所述的发达经济体，中国主要采取税收政策工具和基金拨款的方式进行研发支持，形式单一、手段直接。近年来，中国的研发支持政策也逐渐注意隐蔽性问题，政府对大量的政策进行了调整和更替，政策目的和对象更加广泛，专向性问题也不再凸显，但上述四个方面的差异仍然存在。这也使中国的研发支持政策存在潜在被诉或成为争端案件中不利证据的可能。

（三）美国对华反补贴调查中的中国研发支持政策

美国是对中国提起反补贴调查最多的国家。2006～2019年，美国对华反补贴调查案件中有 34 个案件共涉及中国 69 个不同的研发支持项目。美国商务部还公布了每个项目的补贴率。从项目的补贴效果来看，具有争议的研发支持政策数量有限，补贴率也并不高。本研究计算了每起调查中研发支持政策项目数量及补贴率占该调查中所有补贴项目的比重。可以看出，除了极少数值比较高外，多数研发支持政策的数量较少、补贴率较低。由此可以推断：目前，研发支持政策并不是美国对华反补贴调查的重点，只是在搜集证据的同时，将研发项目一并列入，用以计算补贴率等相关数据。因此，本研究在这部分更关注中国研发支持政策本身的特点，而非被美国提起反补贴调查的案例的特点。

从政策实施的主体来看，中央政府级别实施的研发支持政策为 53 个，省市政府实施的研发支持政策为 16 个。中央政府实施的研发支持政策数量占比为 76.8%，这说明受到美国反补贴调查的企业更多地接受了国家层面的包括国家重点技改基金、高新技术企业的所得税减免等在内的研发支持政策。这些政策基本上是通过政府机构直接进行资助的，并没有出现政府委托或授权非体制内单位进行代理拨款的情况。

从政策的类型来看，基金（拨款）和税收优惠是出现频率最高的。基金就是政府拨款的形式，这种形式在 69 个项目中最为常见，约有 74％ 的研发支持政策都是通过基金的形式拨付。其次是研发税费抵免政策。相比于基金，税收抵免的手段更具备间接性的特征。但实际上都是政府让渡了一部分财政利益，或是拨付资金或是免除应纳税额，从而缩减了企业的纳税成本，在一定程度上增加了企业在研发领域的可支配资金。只有 1 个项目采取的是贷款的形式。

从政府制定政策角度来看，中国对政策的描述呈现多样化特征，也更加直接。基金（拨款）的补贴方式也被描述为补助、资助、补贴、资金、奖金、专项基金等多种形式，实质上就是 WTO 规则所指的拨款。但是，个别研发支持政策存在被认定为出口补贴的可能。在"预应力混凝土结构用钢绞线"案件中，美国认定中国财政部通过"出口研发基金"项目为新华公司提供了补贴。虽然补贴率并不高，但这一政策从字面上容易与出口补贴混淆。事实上，该政策是为了提高出口产品的技术附加值而对企业研发和试验阶段进行补贴，并且以竞争性投标的形式进行，并非只用于某类产品或某个企业生产的出口补贴。在这个问题上，欧美国家的措辞更具有隐蔽性。项目的标题常常不会直接涉及敏感的禁止性词汇，目标描述也十分广泛，竞争机制也更加公平。

二 中国研发支持政策的特点分析

（一）中国对研发活动重视程度与日俱增

虽然中国的研发支持政策通报数量减少，但其研发支持的强度逐年增加，研发投入占 GDP 的比重逐年上升（见图 5 - 1）。2001 年，中国在研发活动上的财政支出仅占 GDP 的 0.94%，而同期世界的平均水平为 2.08%。但是，到了 2017 年，中国的研发支出占 GDP 的 2.13%，与世界平均水平的差距缩小。鉴于中国 GDP 增长幅度大，研发投入比重的增加只能意味着实际支出金额的增量更大，图 5 - 2 就是例证。

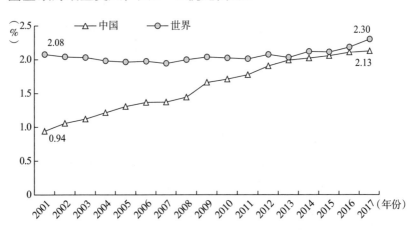

图 5 - 1 2001 ~ 2017 年中国与世界研发投入占 GDP 比重
资料来源：世界银行 WDI 数据库。

国家统计局数据显示，2007 ~ 2018 年，国家财政科学技术支出逐年增加，并且无论是中央政府层面还是地方政府层面的科技支出，都在不断增加（见图5－2）。这也就印证了，研发补贴措施通报数量的减少并不意味着对科学技术研究发展的不支持。相反，以上数据说明了中国对研发活动的重视程度。

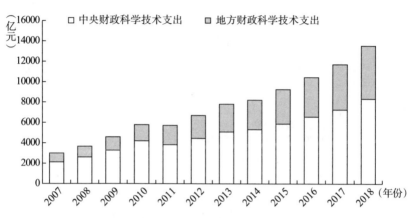

图5－2　2007～2018年国家财政科学技术支出

注：1. 国家财政科学技术支出为中央财政和地方财政科学技术支出之和；2. 国家统计数据只披露了2007～2018年的数据。

资料来源：国家统计局网站。

地方省市也比较注重对研发活动的支持。从图5－2可以看出，2007～2018年，地方财政对科学技术的支出也在逐年增加。2019年，中国共对36个地方政府的补贴政策进行了通报，包括31个省级单位和5个市级单位。中国共通报了372项地方政府实施的补贴政策，具体到研发支持政策，共有24个地方政府采取了140项措施，占比高达37.6%（见图5－3）。这个比例远远超过了中央政府研发支持政策占补贴措施总数的比例。其中的15个地方政府的研发支持政策的占比超过了全部地方政府的平均水平。其中，研发支持政策实施最多的是广东和广西两省份，都下发了16项支持科学研发、技术创新相关

的政策。吉林省虽然只采取了 9 项措施，但研发支持占比高达
90%。湖北省、云南省都只实施了一项研发支持计划，已构成
该年度所有补贴政策的全部。地方省市对研发支持政策的重视
与地理区位的关系不大，各个地区都有政策数量较多的省市，
如东北的黑龙江和吉林，中部的河南、陕西，西部的广西、内
蒙古、重庆、甘肃，东部的上海、浙江、江苏、广东、广东深
圳等。

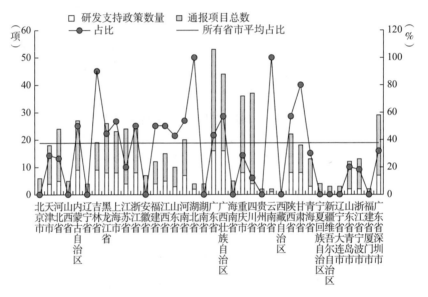

图 5 - 3　2019 年中国补贴通报地方省市研发补贴一览
资料来源：WTO 官网，由作者整理得出。

（二）基金拨款和税收优惠是主要手段

中国通报的研发支持政策的形式主要是基金拨款和税收优
惠。5 次补贴通报中共涉及 2001～2018 年实施的 56 项研发支
持政策，其中 25 项为基金拨款、31 项为税收优惠。并且，这

两种政府财政手段的实现方式也直截了当。基金拨款一般是资金的直接拨付，没有诸如美国的合作开发协议、合作基金或英国的碳信托基金的复杂形式。美欧等国的研发支持形式丰富，主要是通过拨款的形式进行，并且包含了贷款、贷款担保、税收抵免、股权投资等多种形式，欧盟成员还更加注重金融工具的使用，各类形式下还存在不同的具体操作形式，这与中国较为直接的补贴形式差异性较大。

（三）研发支持政策引导产业发展

表 5-2 将中国历次通报的研发支持政策做了时间上的横向比较。中国的研发支持政策并没有很强的持续性，大部分政策的持续时间不长，因而政策更替较快，也就造成了研发支持政策总数较多的情况。这种政策更替体现了一定的引导作用。

表 5-2　2006~2019 年中国通报文件中的研发支持政策

序号	研发支持政策名称	2019 年	2018 年	2015 年	2011 年	2006 年
1	高新技术企业税收优惠政策	√	√	√	√	
2	研究开发费用加计扣除的税收优惠政策	√	√			
3	技术转让企业税收优惠政策	√	√	√	√	√
4	科技企业孵化器税收优惠政策	√	√			
5	国家大学科技园税收优惠政策	√	√			

续表

序号	研发支持政策名称	2019 年	2018 年	2015 年	2011 年	2006 年
6	技术先进型服务企业所得税优惠政策	√	√			
7	大型客机和新支线飞机增值税优惠政策	√	√			
8	大型客机和大型客机发动机整机设计制造企业房产税、城镇土地使用税优惠政策	√	√			
9	固定资产加速折旧企业所得税收优惠政策	√	√			
10	战略性新兴产业发展专项资金	√	√			
11	工业转型升级资金		√			
12	城市公交车补贴		√			
13	外经贸发展专项资金		√	√		
14	集成电路产业税收优惠政策		√	√		√
15	节约能源、使用新能源车船税优惠政策		√			
16	民航节能减排专项资金		√			
17	农业科技成果转化与技术推广服务补助资金		√			√
18	上海浦东新区设立的外商投资企业税收优惠政策		√	√	√	
19	新能源汽车充电基础设施建设运营奖补资金		√			
20	经济特区（不含上海浦东新区）设立的外商投资企业税收优惠政策		√	√	√	√

序号	研发支持政策名称	2019 年	2018 年	2015 年	2011 年	2006 年
21	新能源汽车推广应用支持		√			
22	对从事港口码头建设的中外合资企业的税收优惠政策			√		
23	国家高新技术产业开发区认定为高新技术企业的外商投资企业的税收优惠政策			√	√	√
24	国家高新技术产业开发区认定为高新技术企业的企业税收优惠政策			√	√	√
25	沿海经济开放区和经济特区、经济技术开发区外商投资企业的税收优惠政策			√	√	√
26	长江三峡经济区外商投资企业税收优惠政策			√	√	√
27	风力发电设备产业化专项资金			√	√	
28	企业研发税收优惠政策（2003～2005 年）				√	
29	产业技术研究与开发资金			√	√	
30	中小企业发展专项资金			√	√	√
31	外经贸发展专项资金			√	√	
32	优化机电和高新技术产品进出口结构资金			√	√	
33	农轻纺产品贸易促进资金			√	√	
34	节水灌溉贷款中央财政贴息资金			√	√	√
35	集成电路产业研究与开发专项资金			√	√	

序号	研发支持政策名称	2019 年	2018 年	2015 年	2011 年	2006 年
36	电子信息产业发展基金			√	√	
37	包装行业高新技术研发资金			√	√	
38	金太阳示范工程补助资金			√		
39	生物能源和生物化工非粮引导奖励资金			√		
40	节能技术改造财政奖励资金			√		
41	关闭小企业专项补助资金			√		
42	外商投资企业税收优惠政策				√	√
43	转制科研机构税收优惠政策				√	√
44	企业研发税收优惠政策（2006~2007 年）			√	√	√
45	企业研发税收优惠政策（2008 年至今）				√	
46	青年农民科技培训基金				√	√
47	农业科技成果转化资金				√	√
48	外商投资企业和外国企业购买国产设备投资抵免企业所得税				√	√
49	技术改造国产设备投资税收优惠政策				√	√
50	铜原料税收优惠待遇				√	√
51	锻件产品和铸件产品税收优惠待遇				√	√
52	模具产品的税收优惠待遇				√	√
53	数控机床产品的税收优惠待遇				√	√

续表

序号	研发支持政策名称	2019 年	2018 年	2015 年	2011 年	2006 年
54	外商投资企业研发税收优惠政策					√
55	农业机械购置补贴资金					√
56	技术密集型和知识密集型（"两个密集型"）外商投资企业税收优惠政策					√
总计		10	21	26	31	24

资料来源：WTO 网站，由作者翻译整理得出。

在 2006 年和 2011 年的通报中，中国的研发支持政策主要集中在制造业、农业、新能源产业等，并且较多地关注技术型外商投资企业。这两份通报的政策实施时间是 2001～2008 年。在这个时间段中，中国刚刚入世，产业发展结构还处在优化的初期，在全球价值链中的地位较低，因而更多地关注农业技术、机电产品等相关领域，也给予外资企业更多的优惠发展政策。

近年来，越来越多的研发支持政策在新兴技术领域得到实施，例如战略性新兴产业发展专项资金旨在培育和发展新兴产业集群，科技企业孵化器税收优惠政策和国家大学科技园税收优惠政策是对科技园区技术孵化的支持，大型客机和新支线飞机增值税优惠政策体现了对先进制造业的重视，技术先进型服务企业所得税优惠政策是对发展先进技术服务的支持。通过这样的政策，中国能够在一定程度上对高新产业、战略领域的研究与开发给予支持，引导社会资本流入，增强竞争能力。

三 中国研发支持政策体系与 WTO 规则的一致性分析

由于中国在补贴通报中对研发支持政策的披露不完全，因而本研究将从中国研发支持政策体系的角度进行合规性分析。在中国的政策体系中，研发支持政策这一专有名词并不常见，更多的是科技创新政策。相比之下，研发支持政策的范畴更小，属于科技创新政策体系中的一个环节，分布在科技创新政策的各个类别之中。中国的科技创新政策分为科技规划、科技计划、科技税收政策、科技金融政策、自主创新政府采购、知识产权政策六大类别。[①] 本研究所指的研发补贴主要体现在科技规划、科技计划、科技税收政策中。因此，本研究借鉴这一分类，将中国研发支持政策体系划分为研发规划、研发计划、研发税收政策这三类。下文我们将结合中国的补贴通报内容、研发支持政策实施情况及双边对华反补贴实践的具体情况，比对 WTO 相关的规则，对这三类研发支持政策进行合规性分析。

（一）研发规划

科技规划具有战略性、全局性的特点，是国家对研发创新活动的顶层设计，体现了国家在科技发展战略、目标布局、资

---

① 黄宁、陈宝明：《中国科技创新政策与国际经贸规则协调研究》，经济管理出版社，2020。

源配置方面的意志①，对各类研发创新政策起着基础性、关键性的作用。在研发政策的体系中，科技规划也体现为研发规划，如国家发展规划纲要、产业振兴计划、科学和技术发展规划纲要以及地方政府出台的整体发展纲要、计划、产业规划等政策。目前，中国正在实行的是《国家创新驱动发展战略纲要》和《国家中长期科学和技术发展规划纲要（2006—2020年）》及在此框架下编制的《"十三五"国家科技创新规划》。

这类研发支持政策并不直接规定相关的补贴措施，不会构成《SCM 协定》所规定的禁止性补贴和可诉补贴，但容易成为争端案件中的不利证据。在美国诉中国对汽车产业的补贴案例（DS450）中，美国指出，中国商务部、国家发展改革委、工信部、财政部、海关总署和质检总局六部门联合下发的《关于促进中国汽车产品出口持续健康发展的意见》中，涉及"增强出口基地企业自主创新和技术改造，利用金融工具加大对公共服务平台的支持"的政策，并将出口情况作为考核绩效，与《SCM 协定》第 3 条禁止性补贴的规定相违背。判断是否构成"以出口实际作为补贴条件"，还要以地方出台的具体条例作为主要参考依据。② 事实上，国家出台的纲领性文件大多只是起到引导或鼓励的作用，并不会强制采取补贴措施，这是符合多边贸易规则的。

近年来，美欧国家对中国出台的战略性产业研发规划较为关注。尽管美国实施的一些带有单边主义色彩的贸易调查并不符合 WTO 规则，但从侧面反映出中国的研发规划仍有待完善。

---

① 苏竣：《公共科技政策导论》，科学出版社，2014，第 126 页。
② 龚柏华：《WTO 二十周年：争端解决与中国》，上海人民出版社，2016。

从补贴的定义来看，一些研发规划可能会列出明确的产业名称，这很有可能引起其他成员对"产业专向性"的怀疑与误解。从可诉补贴的角度看，对某些产业的引导和支持政策会造成《SCM 协定》第 5 条的"不利影响"。在航空航天领域，美国和欧盟由于市场利益的问题，在民用大飞机的研发支持政策问题上已经争执了十余年，DS316 和 DS353 两个案件持续至今。中国也在国产大飞机制造领域持续发力。随着世界各国对民航飞机制造的不断重视，以美国波音公司和欧洲空客公司为首的"双寡头竞争"市场正在发生变化，如果两个公司的市场利益面临威胁，势必会将矛头转向其他国家的研发支持政策，甚至会再次提起争端。那么，中国与大飞机制造相关的战略性产业研发规划很有可能成为一项重要的"不利证据"，甚至存在潜在被诉的可能。

（二）研发计划

研发支持政策体系的第二个层级是研发计划，或称为科学技术计划。它的目的是解决经济、社会发展及科技自身发展的重大科学问题，实施主体是政府。美国的 ATP、欧盟的 R&TD 框架计划、英国的 TP 都属于研发计划。中国也实施了数量可观的科技计划。例如"十三五"科技计划体系就包含了国家自然科学基金、国家科技重大专项基金、国家重点研发计划、技术创新引导计划、基地和人才专项基金等科技研发计划，还有被人们熟知的"863"计划和"973"计划都属于这一类别。可见，科技计划的形式比较普遍。但是，中国的补贴通报中却鲜有与研发计划相关的补贴措施，上述具体的研发计划在通报中体现得较少。

　　与规划类政策相比，科技研发计划更加容易被诉。在法律实践上，美欧已经在大飞机争端案例中对彼此的科技计划提出异议，专家组和上诉机构也对其进行了解释和裁决。没有被诉的研发计划并不意味着不会被诉，该类计划很可能成为其他成员的反补贴的对象。在美国对华反补贴调查中，国家科技支持基金、科技发展专项基金、国家重点产业和创新技术促进基金、省财政科技创新基金等研发计划都被一一罗列出来。在政策制定上，这类政策很可能构成可诉补贴甚至产生不利影响，损害贸易伙伴的利益。首先，研发计划是国家进行的对科学技术研究发展的财政资助，向高校、科研院所和企业等机构授予了一项利益，符合《SCM 协定》第 1 条对补贴的定义。其次，研发计划通常不是一种禁止性补贴，因为其一般不以出口实际或使用国产货物为条件授予。[①] 不符合出口补贴或进口替代补贴的定义。最后，研发计划可能存在专向性的问题。尽管，中国的研发计划通常不是针对某个特定产业或企业进行的，但如果资金的下拨存在针对性，那么就构成了《SCM 协定》第 2.1 款和第 2.2 款的专向性补贴。值得注意的是，中国的入世议定书规定了对国有企业的补贴被视为具有专向性的补贴，因此如果国有企业承担了研发计划，就会被认定为实施了专向性补贴。确定研发计划是否符合 WTO 规则还需对"不利影响"进行举证。从以上分析可知，整体上看，研发计划构成了一项补贴，但是否具有专向性、是否产生了不利影响尚不能确定。

----

① 黄宁、陈宝明：《中国科技创新政策与国际经贸规则协调研究》，经济管理出版社，2020。

（三）研发税收政策

通常这类政策是根据财政部的相关法规、政令实施的，是对实体的科学研究、技术发展活动进行的税收优惠、抵免及激励政策。WTO 主要成员的研发支持政策中都包含研发税收政策。在中国历年的补贴通报中，研发税收政策占比超过一半。在美国对华反补贴调查中，研发支持政策中也有近 1/3 为此类政策，如从事研发的内资企业所得税优惠、高新技术企业税收优惠等。这类政策也是容易被诉的，专向性仍是潜在争议焦点。高新技术企业税收优惠就是其中之一。在墨西哥诉中国支持纺织品和服装生产和出口的措施案例（DS451）中，墨西哥就认为中国对高新技术企业的税收优惠措施如对相关生产企业所得税的免除、削减和抵消等构成了补贴。

中国的具体政策在实施过程中会涉及多个税种，包括企业所得税、个人所得税、增值税、消费税、房产税、土地使用税、进口关税等。政策实施的主体主要是财政部、国家税务总局、海关总署、科技部、国家发展改革委、商务部等相关部门。表 5－3 是 2019 年中国补贴通报中所列出的研发税收项目。除了高新技术企业税收优惠政策外，技术先进型服务企业所得税优惠政策，大型客机和新支线飞机增值税优惠政策，大型客机和大型客机发动机整机设计制造企业房产税、城镇土地使用税优惠政策等研发税收减免政策也可能存在与 WTO 不一致的情况。这个不一致指的也是《SCM 协定》所指的专向性问题。"技术先进型服务企业所得税优惠政策"的补贴对象是先进技术推动的服务型企业，这个描述与高新技术企业十分相似，很有可能被认定为是特定的某类企业，甚至某个企业。后面两个政策的补贴对象主要是从事"大型客机及其发动机研发"和"新型支线飞机制造、销售"的纳税人。该政策主要针对的是中国的国产大飞机项目，以及大飞机的研发、设计、生产及销售的实体。在中国，实施国产大飞机项目的主要是中国商用飞机有限责任公司（简称中国商飞）及其相关的合作研发、生产及销售实体，如中航工业集团。那么，该项研发税收政策可能会涉及产业专向性、企业专向性及国有企业补贴的问题。2015 年，美国就中国对国产飞机的税收优惠政策提起争端解决（DS501）。虽然案件的争议点主要聚焦其是否违反了国民待遇和透明度原则，并没有提出补贴的专向性及后续问题，但已经从侧面反映了中国的大飞机制造业已经开始受到关注，研发税收政策也成为焦点之一。

表 5 - 3　2019 年中国通报文件中研发税收政策一览

序号	研发税收政策	实施主体	法律依据	抵免税目
1	高新技术企业税收优惠政策	科技部、财政部、国家税务总局	《中华人民共和国企业所得税法》《中华人民共和国企业所得税法实施条例》	企业所得税
2	研究开发费用加计扣除的税收优惠政策	财政部、国家税务总局	《中华人民共和国企业所得税法》《中华人民共和国企业所得税法实施条例》财税〔2015〕第 119 号财税〔2017〕第 34 号财税〔2018〕第 64 号财税〔2018〕第 99 号	企业所得税

序号	研发税收政策	实施主体	法律依据	抵免税目
3	技术转让企业税收优惠政策	财政部、国家税务总局	《中华人民共和国企业所得税法》《中华人民共和国企业所得税法实施条例》国税函〔2009〕第212号 财税〔2011〕第111号 财税〔2015〕第116号	企业所得税
4	科技企业孵化器税收优惠政策	财政部、国家税务总局	财税〔2016〕第89号 财税〔2018〕第120号	房产税、土地使用税、增值税
5	国家大学科技园税收优惠政策	财政部、国家税务总局	财税〔2016〕第98号 财税〔2018〕第120号	房产税、土地使用税、增值税
6	技术先进型服务企业所得税优惠政策	财政部、国家税务总局、商务部、科技部、国家发展改革委	财税〔2016〕第122号 财税〔2017〕年第79号 财税〔2018〕第44号	企业所得税
7	大型客机和新支线飞机增值税优惠政策	财政部、国家税务总局	财税〔2016〕第141号	增值税
8	大型客机和大型客机发动机整机设计制造企业房产税、城镇土地使用税优惠政策	财政部、国家税务总局	财税〔2016〕第133号	房产税、土地使用税
9	固定资产加速折旧企业所得税收优惠政策	财政部、国家税务总局	财税〔2014〕第75号 财税〔2015〕第106号 财税〔2018〕第54号	企业所得税

资料来源：WTO 网站，由作者翻译整理得出。

四 本章小节

基于 WTO 补贴通报和美国对华反补贴调查案例，本章研究了中国的研发支持政策实践的现状，并对其合规性问题进行了初步探讨。

中国共向 SCM 委员会通报 5 次补贴措施，研发支持项目数量为 112 个，占比为 26.79%。虽然中国的补贴通报次数较少，但包含的研发支持项目多。中国的研发支持政策与欧美发达经济体的差异表现在通报形式、政策透明度和政策制定方面。研发支持政策的金额、影响等内容通报并不全面，还缺少部门领域的划分。在政策制定方面，中国的用词比较直接，缺乏隐蔽性和间接性。在政策实施方面，中国更加重视研发补贴政策，不仅研发强度逐年递增，追赶世界平均水平，还通过中央和地方的财政拨款加大研发投入力度。基金拨款和税收优惠是其主要的补贴手段。这些政策在一定程度上引导着产业发展的方向。

美国是对中国提起反补贴调查最多的国家。本研究梳理了自 2006 年以来的美国对华反补贴调查案件，其中有 34 个案件共涉及中国 69 个不同的研发支持项目。但是具有争议政策的数量有限，补贴率也不高。由此可知，研发支持政策并不是反补贴调查的重点，而是美国进行反补贴调查的证据搜集的同时，将研发项目一并列入，用以提高整体的补贴率。本研究在这部分更关注研发支持政策本身的特点。美国对华反补贴调查案件中的中国研发支持政策，基本上都是通过政府机构资助的，且主要形式为基金和税收优惠。

由于中国在通报中对研发支持措施的披露不完全，因而本研究只能从研发支持政策体系的角度进行一致性分析。中国研发支持政策体系划分为研发规划、研发计划、研发税收政策三类。研发规划具有战略性、全局性的特点，是国家对研发创新活动的顶层设计，并不直接规定补贴措施，不会构成禁止性补贴和可诉补贴，但容易成为争端中的不利证据。研发计划，也就是科学技术计划，通常符合补贴的定义，可能存在专向性的问题，更加容易被起诉。研发税收政策也是容易被诉的，专向性问题仍是潜在的争议焦点。

第六章
WTO 框架下研发支持政策的实证分析

在 WTO 框架下，研发支持政策并没有被认定为出口补贴，但对成员内部研发领域的资助又不可避免地会产生一定的贸易影响。特别地，如果一国采取的研发支持政策影响了其他贸易伙伴的利益，构成了《SCM 协定》所指的"不利影响"，将会被视为违规补贴。因此，本章研究了 WTO 框架下研发支持政策的贸易效应。如前文所述，研发支持政策的实施能够带来技术的进步，从而提高本国的生产率，进一步促进出口。然而，在实践中研发支持政策的贸易效应很难衡量。

全球贸易预警（Global Trade Alert，GTA）机构建立了政府干预政策数据库，即全球贸易预警数据库（GTA 数据库），主要搜集了各个国家的干预政策及其影响产业和产品的数据等相关信息。该数据库对这些干预政策进行了详细分类，也披露了具体政策名称，同时，该数据库对每项政策影响的行业和产品做了初步筛选，并给出了详细的影响国家和影响产品的海关协调制（HS）编码。通过这些既定信息，笔者能够建立起

"国内政策 - 影响贸易伙伴 - 影响对应产品贸易"的数据库。GTA 数据库披露的国家政策包括一些国家针对研究发展、技术创新的补贴计划。虽然这些政策的实施主体并不能囊括 WTO 全体成员，大部分是 G20 国家，且也未必能够对研发支持政策统计完全，但这已经是在可得的各国研发支持政策及实施情况相关数据范围内较为完善的了，以此为基础的实证分析也能够在一定程度上说明研发支持政策与贸易的关系。本研究希望通过对研发支持政策数据与贸易数据的匹配，建立动态非平衡面板数据，从而在研发支持政策贸易效应的实证分析方面做出有益的尝试。

一 模型的设定

本研究利用 GTA 数据库中的各国研发支持政策和产品层面的贸易数据，来分析其可能带来的贸易影响。计量模型设定如下：

$$\ln X_{i,t_i} = \beta_0 + \beta_1 Policy_{it} + \beta_2 \ln X_{i,t_{i-1}} + \beta_3 Product_i +$$
$$\beta_4 Country_i + \beta_5 Z_{i,t_i} + \mu_i + \gamma_t + v_{it} \qquad (6.1)$$

本研究将采取研发支持政策的国家称为政策执行国（记为国家 1），将受到研发支持政策影响的国家称为政策影响国（记为国家 2），涉及两个国家的变量均用下角标 1 和 2 进行区分。在数据库中，执行国和影响国是单向对应的关系，即国家 1 实施的研发支持政策对国家 2 的某类或多类产品的双边贸易有影响。一个国家采取的某一项研发支持政策可能影响多个贸易伙伴的多种产品的贸易额。在式 6.1 中，被解释变量 $\ln X_{i,t_j}$ 是政策执行国对受到研发支持政策 i 影响的贸易伙伴（政策影响国）的产品 t_j 期出口额的对数值，以研发支持政策 i 实施当年为基准年份，记作 t_0，实施后第一年为 t_{a1}，第二年为 t_{a2}，第三年为 t_{a3}，而实施前一年为 t_{b1}，前两年为 t_{b2}，前三年为 t_{b3}；出口额是 HS 6 位编码的细分产品数据。本研究统计了 GTA 数据库中已有的每个研发支持政策的执行国对每一个政策影响国的每一类 HS 6 位编码产品的出口额。$Policy_{it}$ 是研发支持政策 i 的虚拟变量，政策实施之前年份赋值为 0，实施之后年份赋值为 1。本研究统计了研发支持政策执行前三年、后三年以及政策执行当年共 7 年的数据。$Product_i$ 是研发支持政策 i 影响的产品种类，以 HS 6 位编码计数，用以说明一项研发支持政策会影响多少种产品的双边贸易额。$Country_i$ 是研发支持政策 i 影响的国家数量，即一项研发支持政策会影响多少个贸易伙伴的双边贸易额，以国家的个数计数。为尽可能控制其他因素的影响，本研究加入了控制变量 Z_{i,t_j}。式 6.1 中，μ_i 表示未观测到的个体效应，γ_t 表示未观测到的时间效应，v_{it} 表示剩余的随机误差项。

控制变量 Z_{i,t_j} 包含了影响双边贸易额的其他变量。Tinbergen[1] 和 Poyhonen[2] 首次将引力模型用于贸易研究，并指出两国

[1] Tinbergen, J., *Shaping the World Economy*: *Suggestions for an International Economic Policy* (New York: Twentieth Century Fund, 1962).

[2] Poyhonen, P., "A Tentative Model for the Flows of Trade between Countries, "*Weltwirtschaftliches Archiv*, 1963, 90 (1): 93 – 100.

的贸易流量与它们之间的经济发展水平呈正比，与两国之间的地理距离呈反比。随着引力模型的不断拓展，学者们在模型中加入了各种影响贸易的因素，如关税水平、国家开放度、相对经济实力等。因此，本研究的控制变量 Z_{i,t_j} 包括：（1）政策影响国的替代性贸易政策变量，用研发支持政策 i 的影响国在第 t_j 年的平均进口关税水平 $Tariff_{i,t_j}$ 来表示；（2）研发支持政策 i 的影响国的贸易影响力 GDP_{i,t_j}，用政策执行国与政策影响国的相对市场规模来衡量，即用政策执行国在第 t_j 年的 GDP_1 与政策影响国在第 t_j 年的 GDP_2 之比来表示；（3）研发支持政策 i 的影响国的贸易开放度 $Open_{i,t_j}$，用影响国在第 t_j 年的贸易额占 GDP_2 的比重来表示。此外，本研究还纳入了传统贸易引力模型中的距离变量，用研发支持政策 i 的执行国与影响国之间的地理距离 $Distance_i$ 来表示。

二 数据选择与变量描述

（一）数据选择

本研究使用的数据主要来源于 GTA 数据库、UN Comtrade 数据库、世界银行 WDI 数据库和 CEPII 贸易距离数据库。本研究借鉴李思奇等研究 WTO 争端裁决案件时所采用的贸易效应的实证方法[①]，利用 GTA 数据库的研发支持政策数据，建立研

---

① 李思奇等：《WTO 争端解决机制是否真的能够促进出口？——基于 WTO 争端裁决案件的实证研究》，《财经研究》2009 年第 6 期。

发支持政策"执行国 – 影响国 – 影响的产品贸易额"的非平衡面板数据，来研究国家研发支持政策对贸易的影响。

从整体上看，GTA 数据库包含了全球 185 个经济体的 63 类政府干预措施，总数超过 34 万条。但实施研发支持政策的国家仅限于 G20 国家。每一条数据都是由 1 个政策执行国的 1 项干预政策影响了 1 个贸易伙伴的多种产品类别构成的。本研究从中筛选了与研发支持政策相关的国内政策作为计量分析的样本。筛选原则如下。首先，对政策标题进行识别，找出与研发相关的国家干预政策。基于对 WTO 主要成员研发支持政策的梳理，本研究发现，研发支持政策与研究（research）或研发（R&D）、技术（technology/technological）、创新（innovation）等关键词相关。因此，本研究主要依靠人工识别的方法进行筛选，再对其一一进行分析，看其是否属于研发领域的政策。其次，在已选出的与研发相关的国内政策范围里找出属于补贴的政策。GTA 数据库对补贴的定义比较广泛，包含了 12 个子分类。在已进行初步筛选的数据中，只有财政拨款（financial grants）、生产补贴（production subsidy）、国家贷款（state loan）、贷款担保（loan guarantee）、税收或社会保险减免（tax or social insurance relief）这五类属于《SCM 协定》定义的补贴范畴。再次，对贸易影响的数据进行筛选。在 GTA 数据库中，并非所有研发支持政策的贸易影响都能够被具体量化，因而无法获得很多政策对应的产品的 HS 6 位编码。这一点与 WTO 主要成员的研发补贴通报的情况一致，每个国家都存在无法获取或无法提供研发支持政策如何影响贸易的数据的情况。因而本部分只能将缺失 HS 6 位编码的数据剔除，最终得到 2008～2018 年的 1004 条数据，也就构建了本研究所需的 GTA 研发支持政策数据库。本研究还从这一数据库中收集了以下数据：一是研发支持政策影响的产品种类，以 HS 6 位编码计数，用以说明一项研发支持政策会影响多少种产品的双边贸易额；二是研发支持政策影响的国家数量，即一项研发支持政策会影响多少个贸易伙伴的双边贸易额，以国家的个数计数。

根据 GTA 研发支持政策数据库中每一项政策对应的某个影响国、某个产品的 HS 6 位编码，本研究从 UN Comtrade 数据库中收集了每个政策对应的双边贸易进出口数据。世界银行 WDI 数据库囊括了国家层面的宏观经济指标：一是执行国和影响国的 GDP 数据，用以计算执行国与影响国的相对市场规模，从而衡量其经济影响力；二是影响国市场当年平均进口关税水平，用以衡量影响国贸易政策的替代性；三是影响国的贸易开放度数据，即其贸易额占 GDP 的比重。在基准回归中，本研究主要考察了研发支持政策对贸易出口的影响，而在拓展分析中，尝试分析了研发支持政策对贸易进口的影响，因而对政策执行国和影响国的上述数据都进行了收集。政策执行国和影响国的贸易距离来自 CEPII 贸易距离数据库提供的两国首都之间的距离。

除了距离的数据不涉及时间因素外，其他变量均涉及 7 年的数据，即本研究以每项研发支持政策实施当年为基准，同时收集了实施前三年、实施当年和实施后三年的各个指标的数据，并按照年份将相关数据进行了匹配。

（二）变量描述

本研究进行的计量回归中的变量如表6-1所示。

表6-1 计量回归中的变量

类别	变量	变量描述
被解释变量	$\ln X_{i,t_j}$	政策执行国对受到研发支持政策 i 影响的贸易伙伴（政策影响国）的产品 t_j 期出口额的对数值
解释变量	$\ln X_{i,t_{j-1}}$	政策执行国对受到研发支持政策 i 影响的贸易伙伴（政策影响国）的产品 t_{j-1} 期出口额的对数值
	$Policy_{it}$	研发支持政策 i 的虚拟变量
	$Product_i$	研发支持政策 i 影响的产品种类
	$Country_i$	研发支持政策 i 影响的国家数量
控制变量	Z_{i,t_j}	研发支持政策 i 的影响国在 t_j 年的平均进口关税水平（$Tariff_{i,t_j}$）
		研发支持政策 i 的执行国在第 t_j 年的 GDP_1 与政策影响国在第 t_j 年的 GDP_2 之比（GDP_{i,t_j}）
		研发支持政策 i 的影响国在第 t_j 年的贸易额占 GDP_2 的比重（$Open_{i,t_j}$）
		研发支持政策 i 的执行国和影响国之间的地理距离（$Distance_i$）

1. 被解释变量

产品出口（当期）（$\ln X_{i,t_j}$）。该变量用政策执行国对受到研发支持政策 i 影响的贸易伙伴（政策影响国）的产品 t_j 期出口额的对数值来表示。

2. 解释变量

（1）产品出口（滞后1期）（$\ln X_{i,t_{j-1}}$）。该变量用政策执行国对受到研发支持政策 i 影响的贸易伙伴（政策影响国）的产品 t_{j-1} 期出口额的对数值来表示。

（2）研发支持政策（$Policy_{it}$）。该变量是研发支持政策 i 的虚拟变量。以研发支持政策 i 实施当年为基准，实施前三年赋值 0，实施后三年赋值为 1。回归中用到了研发支持政策（当期）和滞后项研发支持政策（滞后 1 期）。

（3）产品范围（$Product_i$）。该变量是指研发支持政策 i 影响的产品种类，用以说明研发支持政策会影响多少种产品的双边贸易额，以 HS 6 位编码计数。

（4）国家数量（$Country_i$）。该变量是指研发支持政策 i 影响的国家数量，即一项研发支持政策所对应的政策影响国的个数。

3. 控制变量

除了上述解释变量外，本研究还将其他影响出口的因素加入控制变量组。

（1）关税水平（$Tariff_{i,t_j}$）。关税是影响进出口的重要因素，也是本模型中的替代贸易政策变量。本研究选取的是政策影响国的平均进口关税水平，这里用到的是所有产品关税的加权平均水平。

（2）贸易影响力（GDP_{i,t_j}）。该变量是指研发支持政策 i 的执行国在第 t_j 年的 GDP_1 与政策影响国在第 t_j 年的 GDP_2 之比（GDP_1/GDP_2）。

（3）贸易开放度（$Open_{i,t_j}$）。该变量是指研发支持政策 i 的影响国的贸易开放程度，即政策影响国在第 t_j 年的贸易额占 GDP_2 的比重。

（4）贸易距离（$Distance_i$）。本研究选取研发支持政策 i 的执行国和影响国的首都之间的地理距离作为贸易距离的指标。所有变量的统计性描述见表 6 - 2。

表 6 - 2　变量的描述性统计

变量	均值	标准差	最小值	最大值	观测值个数
$\ln X_{i,t_j}$	14.119	2.900	1.609	24.088	17457
$Policy_{it}$	0.571	0.495	0.000	1.000	19936
$Product_i$	95.686	61.329	1.000	166.000	19936
$Country_i$	40.342	9.084	3.000	47.000	19936
$Tariff_{i,t_j}$	2.333	1.781	0.000	20.220	19936
GDP_{i,t_j}	10.257	45.976	0.027	1925.027	19934
$Open_{i,t_j}$	66.564	51.546	16.448	419.962	15714
$Distance_i$	6236.356	3544.495	173.033	19297.470	19936

注：所有数值均为保留 3 位小数的结果。

三　计量分析

（一）基准回归：研发支持政策对出口的短期影响和长期影响

1. 研发支持政策对出口的短期影响

短期回归主要考察研发支持政策实施对当年出口的影响。表 6 - 3 是研发支持政策对出口的短期影响的基准回归结果。回归中加入了被解释变量的滞后项，是研发支持政策执行国对影响国产品滞后一期的出口额的对数值。第（1）列没有加控制变量，单纯考察核心变量研发支持政策对产品出口的短期影响。第（2）列是增加了其他解释变量和控制变量、不加固定效应的回归结果。第（3）列是在第（2）列的基础上增加了固定效应的回归结果。

表 6 - 3　研发支持政策对出口的短期影响的基准回归

	（1）	（2）	（3）
$Policy_{it}$	0. 283 *** （6. 36）	0. 109 *** （6. 48）	0. 271 *** （9. 95）
$\ln X_{i,t_j-1}$		0. 175 *** （20. 12）	0. 167 *** （19. 25）
$Product_i$		0. 297 *** （8. 13）	0. 302 *** （8. 30）
$Country_i$		0. 465 *** （3. 69）	0. 444 *** （3. 55）
Z_{i,t_j}		控制	控制
个体固定效应	否	否	是
时间固定效应	否	否	是
N	17457	14432	14432
R^2	0. 002	0. 920	0. 921
$adj. R^2$	0. 002	0. 902	0. 903

注：括号中为 t 的统计量，*** 表示在 1% 的水平上显著，** 表示在 5% 的水平上显著，* 表示在 10% 的水平上显著。

从表 6 - 3 可以看出，当期研发支持政策（$Policy_{it}$）的系数为正且在 1% 的水平上显著，说明在短期内研发支持政策对产品出口的影响是正向的。研发支持政策具有外部性，会对贸易出口产生促进作用，因而对某一类产业采取研发支持政策措施会在一定程度上扩大该类产品的出口。研发支持政策的特征变量——$Product_i$ 和 $Country_i$ 均在 1% 的水平上显著，说明研发支持政策的其他特征也具有贸易效应。产品范围系数为正，说明研发支持政策影响的产品种类越多，对出口的促进效应越明显。$Country_i$ 的系数也为正，说明一项政策影响的贸易伙伴越多，也越能促进产品的出口。综合与研发支持政策相关的三个变量（即 $Policy_{it}$、$Product_i$ 和 $Country_i$）的结果可知，一项研发支持政策会对不同贸易伙伴或不同产品的出口额产生影响，并且三个变量的系数不大，这也从侧面反映了研发支持政策虽然能够增加出口，但影响力有限。这也就解释了研发支持政策在 WTO 规则中通常被认定为可诉补贴，而非禁止性补贴中的出口补贴的原因。

在控制变量中，GDP_{i,t_i} 和 $Distance_i$ 在 1% 的水平上显著，$Tariff_{i,t_i}$ 和 $Open_{i,t_i}$ 在 5% 的水平上显著。$Tariff_{i,t_i}$ 的系数为负，说明研发支持政策影响的贸易伙伴关税的提高会抵消该类政策对出口的促进作用。这在一定程度上解释了加征关税的报复行为产生的原因。GDP_{i,t_i} 和 $Open_{i,t_i}$ 的系数为正，说明实施研发支持政策的国家经济实力的增强以及贸易伙伴的经济开放水平的提高，也会增加研发支持政策的出口效应，但这种作用非常有限。$Distance_i$ 的系数为负，符合引力模型中贸易距离对贸易流量具有负面效应的假设。

2. 研发支持政策对出口的长期影响

前文已经证明研发支持政策会对当期的产品出口产生影响，本部分将考察其是否会产生持续性的贸易影响。因此，本研究借鉴余淼杰、智琨[1]在长期模型中的研究方法，让当期的研发支持政策和滞后一期的研发支持政策同时进入模型作为核心解释变量，用以衡量政策的滞后效应。

研发支持政策对出口的长期影响的基准回归结果如表 6 – 4 所示。第（1）列是仅包含了当期的研发支持政策（$Policy_{it}$）和滞后一期的研发支持政策（$Policy_{i,t-1}$）两个核心解释变量的 OLS 估计结果。第（2）列是加入了其他解释变量和控制变量、不加固定效应的回归结果。第（3）列是在第（2）列的基础上增加了固定效应的回归结果。在第（1）列中，$Policy_{i,t-1}$ 在 1% 的水平上显著且系数为正，这说明研发支持政策对出口具有持续的促进作用。在加入了解释变量和控制变量后，$Policy_{i,t-1}$ 仍在 1% 的水平上显著，并且系数变大了，说明这种政策的长期影响并没有被削弱反而增强了。

表 6 – 4　研发支持政策对出口的长期影响的基准回归

	（1）	（2）	（3）
$Policy_{it}$	– 0. 023 （– 0. 33）	– 0. 050 ** （– 2. 16）	0. 002 （0. 07）
$Policy_{i,t-1}$	0. 196 *** （2. 95）	0. 210 *** （10. 13）	0. 269 *** （10. 50）
$\ln X_{i,tj-1}$		0. 173 *** （20. 00）	0. 167 *** （19. 25）
$Product_i$		0. 300 *** （8. 23）	0. 302 *** （8. 30）

---

① 余淼杰、智琨：《进口自由化与企业利润率》，《经济研究》2016 年第 8 期。

续表

	（1）	（2）	（3）
$Country_i$		0.451***	0.444***
		（3.59）	（3.55）
$\mathbf{Z}_{i,t_j}$		控制	控制
个体固定效应	否	否	是
时间固定效应	否	否	是
N	15155	14432	14432
R^2	0.001	0.921	0.921
$adj.\ R^2$	0.001	0.903	0.903

注：括号中为 t 的统计量，*** 表示在 1% 的水平上显著，** 表示在 5% 的水平上显著，* 表示在 10% 的水平上显著。

3. 稳健性检验

考虑到样本可能会存在非随机性和异常值，导致估计出现偏误，因此本研究剔除了可能存在的异常值后对样本进行了稳健性检验。本研究将样本中被解释变量低于 5% 分位点和高于 95% 分位点的样本值剔除，并做了进一步的回归分析。表 6－5 和表 6－6 分别是短期影响和长期影响的稳健性检验。从新样本中得出的结论与基准结论基本一致，表明基准回归结果稳健。在表 6－6 中，当期的研发支持政策（$Policy_{it}$）及其滞后项（$Policy_{i,t-1}$）均在 1% 的水平上显著，且系数为正。这说明在剔除了极端值之后，研发支持政策促进出口的短期效应和长期效应仍同时存在，并且长期效应更加明显。这也就意味着，研发支持政策会在当年和下一年持续促进产品出口。因此，即使研发支持政策持续时间短、更替快，哪怕只实行了一年，也会对出口产生长期影响。在实践中，西班牙、英国、中国的研发支持政策更替性较强，但仍不妨碍该类政策正向作用的实现。

表 6 - 5 短期影响的稳健性检验

	（1）	（2）	（3）
$Policy_{it}$	0.199 *** （5.56）	0.093 *** （6.43）	0.236 *** （10.10）
$\ln X_{i,t_j-1}$		0.251 *** （26.95）	0.241 *** （25.90）
$Product_i$		- 0.215 （- 1.26）	- 0.196 （- 1.16）
$Country_i$		0.758 （1.28）	0.699 （1.19）
Z_{i,t_j}		控制	控制
个体固定效应	否	否	是
时间固定效应	否	否	是
N	15714	12774	12774
R^2	0.002	0.914	0.915
adj. R^2	0.002	0.894	0.896

注：括号中为 t 的统计量，*** 表示在 1% 的水平上显著，** 表示在 5% 的水平上显著，* 表示在 10% 的水平上显著。

表 6 - 6 长期影响的稳健性检验

	（1）	（2）	（3）
$Policy_{it}$	0.078 （1.35）	0.010 （0.52）	0.086 *** （3.99）
$Policy_{i,t-1}$	0.187 *** （4.09）	0.186 *** （12.37）	0.140 *** （6.66）

续表

	（1）	（2）	（3）
$\ln X_{i,t_{j-1}}$		0.250 *** （27.07）	0.243 *** （26.09）
$Product_i$		-0.211 （-1.24）	-0.194 （-1.15）
$Country_i$		0.763 （1.30）	0.706 （1.21）
Z_{i,t_j}		控制	控制
个体固定效应	否	否	是
时间固定效应	否	否	是
N	12774	12774	12774
R^2	0.002	0.915	0.915
$adj.\ R^2$	0.002	0.895	0.895

注：括号中为 t 的统计量，*** 表示在 1% 的水平上显著，** 表示在 5% 的水平上显著，* 表示在 10% 的水平上显著。

（二）子样本分析：直接性与间接性的研发支持政策对出口的影响

在基准回归模型的基础上，本部分将对不同性质的研发支持政策的子样本进行对比分析。在 GTA 数据库所有的研发支持政策中，支持形式分为财政拨款、生产补贴、国家贷款、贷款担保及税收或社会保险减免，WTO 主要成员的研发支持政策的支持形式基本上包含在内。这 5 种补贴形式隐含了政府补贴手段的直接性和间接性。财政拨款和生产补贴被划为直接性的研发支持政策的方式，这两种方式都是政府直接将资金拨付给支持对象。而国家贷款、贷款担保及税收或社会保险减免则作为间接性的研发支持政策的方式。这样的划分，能够考察直接性或间接性研发支持政策的贸易效应，对比不同性质的研发支持政策的实施效果。子样本分析也考虑了研发支持政策的短期效应和长期效应，回归结果如表6-7所示。

表6-7　子样本回归结果

	短期影响		长期影响	
	直接	间接	直接	间接
$Policy_{it}$	0.019 (0.45)	0.508 *** (13.37)	-0.023 (-0.55)	0.008 0.21
$Policy_{i,t-1}$			0.041 (1.05)	0.501 *** (13.83)
$\ln X_{i,t_j-1}$	0.141 *** (10.31)	0.168 *** (14.93)	0.141 *** (10.31)	0.168 *** (14.93)
$Product_i$	0.443 *** (5.42)	1.886 *** (11.29)	0.443 *** (5.42)	1.886 *** (11.29)
$Country_i$	0.633 *** (7.60)	-6.367 *** (-11.40)	0.633 *** (7.60)	-6.367 *** (-11.40)
Z_{i,t_j}	控制	控制	控制	控制
个体固定效应	是	是	是	是
时间固定效应	是	是	是	是
N	6542	7890	6542	7890
R^2	0.911	0.929	0.911	0.929
adj. R^2	0.890	0.913	0.890	0.913

注：括号中为 t 的统计量，*** 表示在1%的水平上显著，** 表示在5%的水平上显著，* 表示在10%的水平上显著。

无论是在长期影响还是短期影响的基准回归结果中，直接性的研发支持政策对出口的影响均不显著，说明直接性的研发支持政策并不具有直接的出口促进作用。间接性的研发支持政策对出口兼具短期效应和长期效应。并且，研发支持政策对出口的促进作用主要是通过间接性的财政手段体现的。这在一定程度上解释了为什么拨款成为 WTO 主要成员实施研发支持政策的最普遍的形式。直接性的研发支持政策并不能显著地扩大出口，因而在贸易伙伴的利益损害方面的影响有限，从而被认定为有"不利影响"的可能性较小，潜在被诉的可能性也较低。因此，相比于贷款、贷款担保及税收抵免这些间接性补贴手段，拨款这一直接性补贴形式被 WTO 主要成员广泛地采纳。

（三）拓展分析：研发支持政策对进口的影响

1. 拓展方程

如前文所述，一国政府采取的研发支持政策对出口具有一定的正面效应。一国研发支持政策在带来本国生产率提高的同时，还有可能产生进口替代效应，在一定程度上限制进口。那么研发支持政策是否会影响进口，还需进一步分析。在拓展方程中，被解释变量为 $\ln M_{i,t_j}$，是指政策执行国从受到研发支持政策 i 影响的贸易伙伴（政策影响国）进口产品在 t_j 期的进口额的对数值。解释变量中将出口额的滞后项替换为进口额的滞后项 $\ln M_{i,t_{j-1}}$，其他解释变量不变。由于贸易流向发生了改变，因而控制变量 Z_{i,t_j}^2 也发生了改变，用上角标以示区别。控制变量包括贸易政策的替代变量、进口国相对经济实力及贸易开放度。具体拓展方程如下：

$$\ln M_{i,t_j} = \beta_0 + \beta_1\,Policy_{it} + \beta_2\,\ln M_{i,t_{j-1}} + \beta_3\,Product_i +$$
$$\beta_4\,Country_i + \beta_5\,\mathbf{Z}_{i,t_j}^2 + \mu_i + \gamma_t + v_{it} \qquad (6.2)$$

2. 新加入的变量

（1）被解释变量为产品进口（当期）（$\ln M_{i,t_j}$），用政策执行国从受到研发支持政策 i 影响的贸易伙伴（政策影响国）进口产品在 t_j 期的进口额的对数值来表示。

（2）解释变量中的滞后项为产品进口（滞后一期）（$\ln M_{i,t_{j-1}}$），用政策执行国从受到研发支持政策 i 影响的贸易伙伴（政策影响国）进口产品在 t_{j-1} 期的进口额的对数值来表示。

（3）控制变量 Z^2_{i,t_j}

关税水平（执行国）（$Tariff^2_{i,t_j}$），用研发支持政策 i 的执行国在第 t_j 年的平均进口关税水平来表示。

贸易影响力（影响国）（GDP^2_{i,t_j}），用研发支持政策 i 的影响国在第 t_j 年的 GDP_2 与政策执行国在第 t_j 年的 GDP_1 之比来表示。

贸易开放度（执行国）（$Open^2_{i,t_j}$），用研发支持政策 i 的执行国在第 t_j 年的贸易额占 GDP_1 的比重来表示。

以上数据来自 UN Comtrade 数据库和世界银行 WDI 数据库。拓展分析中新加入的变量描述统计见表 6-8。

表 6-8　拓展分析新加入变量描述性统计

变量	均值	标准差	最小值	最大值	样本量
$\ln M_{i,t_j}$	15.548	1.978	2.996	23.711	18998
$Tariff^2_{i,t_j}$	2.594	1.763	0.000	7.240	19936
GDP^2_{i,t_j}	2.103	3.866	0.000	37.183	19936
$Open^2_{i,t_j}$	54.508	15.719	35.041	182.085	19936

注：所有数值均为保留 3 位小数的结果。

3. 拓展回归结果分析

与基准回归的方法一样，在考察研发支持政策对进口的影响时，同样分为短期影响和长期影响。

首先是短期影响。表 6 - 9 是短期影响的拓展回归结果。第（1）列是仅含有当期研发支持政策 $Polity_{it}$ 这一核心变量的初步回归结果，其对进口的抑制作用并不显著。第（2）列是加入了其他解释变量和控制变量的随机效应下的回归结果。第（3）列是在固定效应下加入其他解释变量和控制变量的回归结果。在第（3）列中，$Polity_{it}$ 在 1% 的水平上显著为负，说明研发支持政策的实施对本期产品进口具有一定的抑制作用。研发支持政策的特征变量 $Product_i$ 和 $Country_i$ 分别在 10% 和 1% 的水平上显著，且系数均为负，说明一项研发支持政策涉及的产品种类越多或涉及的贸易伙伴越多，产品的进口就越少，并且 $Country_i$ 的影响会更加显著，影响程度也大于 $Product_i$ 这一变量。在控制变量中，研发支持政策的执行国关税水平（$Tariff_{i,t_i}^2$）的系数为正，这意味着关税的提高会增加受研发支持政策影响的产品的进口。实际上，研发支持政策对进口的抑制作用与关税提高的实际效应相似，这从侧面反映了研发支持政策作为一种补贴政策，起到了非关税壁垒的作用，从而分化了关税提高的实际效果。但是，研发支持政策对进口影响较小，即使具备非关税壁垒的效果，也并不会给他国的贸易带来巨额的损失。

表 6 - 9　短期影响的拓展回归结果

	（1）	（2）	（3）
$Policy_{it}$	-0.034 （-1.17）	-0.301 *** （-19.07）	-0.157 *** （-5.61）
$\ln M_{i,t_j-1}$		0.883 *** （224.93）	0.322 *** （39.05）
$Product_i$		-0.001 ** （-2.55）	-0.068 * （-1.90）
$Country_i$		0.004 ** （2.31）	-0.347 *** （-2.89）
Z_{i,t_j}^2		控制	控制
个体固定效应	否	否	是
时间固定效应	否	否	是
N	18998	16077	16077
R^2	0.000	0.778	0.865
adj. R^2	0.000	0.777	0.836

注：括号中为 t 的统计量，*** 表示在 1% 的水平上显著，** 表示在 5% 的水平上显著，* 表示在 10% 的水平上显著。

其次是长期影响，在表 6 - 10 中，将当期的研发支持政策（ $Policy_{it}$ ）及其滞后项（ $Policy_{i,t-1}$ ）同时纳入模型中。 $Policy_{it}$ 仍然对进口具有显著的抑制作用，但政策的滞后影响并不明显，这说明研发支持政策并没有长期抑制进口的作用。

表 6 - 10　长期影响的拓展回归结果

	（1）	（2）	（3）
$Policy_{it}$	-0.123 *** （-2.67）	-0.252 *** （-10.53）	-0.130 *** （-4.70）

	（1）	（2）	（3）
$Policy_{i,t-1}$	-0.040 （-0.92）	0.030 （1.48）	-0.009 （-0.33）
$Product_i$		-0.111^{***} （-2.91）	-0.103^{***} （-2.68）
$Country_i$		-0.338^{***} （-2.58）	-0.377^{***} （-2.87）
Z^2_{i,t_j}		控制	控制
个体固定效应	否	否	是
时间固定效应	否	否	是
N	16467	16467	16467
R^2	0.001	0.839	0.840
adj. R^2	0.001	0.806	0.807

注：括号中为 t 的统计量，＊＊＊表示在 1% 的水平上显著，＊＊表示在 5% 的水平上显著，＊表示在 10% 的水平上显著。加入被解释变量的滞后项 $\ln M_{i,t_j-1}$ 后仍不显著，相关回归结果不再报告。

四 本章小节

通过以上分析，本研究认为，研发支持政策的贸易效应真实存在但影响有限。具体结论如下。第一，研发支持政策具有一定的贸易效应，既可以扩大出口，又能够抑制进口，总体上可改变一国的贸易状况。一项研发支持政策涉及的产品种类越多或涉及的贸易伙伴越多，这种影响就越大。第二，研发支持政策对出口具有持续的促进作用，对进口的抑制作用只体现在短期影响中。第三，直接性的研发支持政策不具有直接的出口促进作用，而间接性的研发支持政策的出口促进作用在短期和长期对出口均具有正向的影响。第四，研发支持政策的贸易效应较小，并不能大幅度地增加出口或减少进口，或作为一种非关税壁垒影响贸易，不会给贸易伙伴带来巨额的损失。

研发支持政策的正向效应导致了政府研发支持政策的真实存在。但是，研发支持政策对贸易的影响十分有限，因而其只属于可诉补贴的范畴，并不是《SCM 协定》直接规定的禁止性补贴。正如在乌拉圭回合谈判阶段欧盟等成员提出的那样，研发支持政策会对贸易产生一定的影响，但各方应履行容忍义务，允许研发支持政策的存在。基于此，本研究认为，应当在一定程度上恢复研发支持政策的不可诉地位。

本章的分析仍存在不足之处：第一，受限于研究主题和数据的可获得性，实证分析只能在 WTO 框架下进行，利用有限的政策数据对研发支持政策的贸易效应进行实证研究；第二，缺乏对研发支持政策进口替代效应和相关国家贸易地位变化的对比分析，这也可能是研发支持政策对贸易影响的重要方面；第三，研发支持政策不仅具有贸易效应，还会对创新能力、企业生产有影响。我们将在以后的研究中努力改进这些不足，并针对其他拓展性的问题做进一步研究。

第七章
政策建议

一 新一轮研发支持政策制定及实施的背景

（一）研发支持政策兼具合规性和合理性

从法律的角度分析，研发支持政策的合规性主要表现为国际规则框架，即《SCM 协定》第 8.2 款（a）项对不可诉的研发补贴进行了明确规定。该规则的建立可以追溯到乌拉圭回合谈判时期，各方对不可诉补贴规则的建立提出了建设性意见，并明确了不可诉的研发补贴的具体定义。由于各种原因，与研发支持政策相关的不可诉补贴条款已于 1999 年底到期失效，目前仍处于"冰冻"状态尚未被激活。WTO 研发补贴规则没有继续生效的主要原因在于谈判各方没有达成一致，而非规则本身出现了问题。从规则制定的角度来看，原有的规则对能够被认定为不可诉的研发补贴进行了详细界定，即国家援助水平应不超过产业研究成本的 75% 或竞争前开发活动成本的 50% 。这个定义符合产品研发及上市的生命周期。基础研究和产业研究大多远离产品上市阶段，主要是核心技术的攻关和试验模型的研制。竞争前开发活动距离产品上市阶段较近，但允许政府对其 50% 的成本进行资助，并且限定了资助的对象和形式。欧洲国家的补贴通报还在引用已失效的《SCM 协定》第 8.2 款（a）项的与研发补贴相关的规则来说明本国的研发支持政策不会产生贸易效应。这表明了欧洲国家对这一规则的认可，也从侧面反映了该规则的客观性和合理性。

同时，从经济学的角度出发，研发支持政策兼具合理性。一方面，研发支持政策具有一定的贸易效应，同时包含了其他的政策目的。它既可以扩大出口，又能够抑制进口，总体上可改善一国的贸易状况。但是，研发支持政策对贸易的影响十分有限，并不能大幅度地提高出口或减少进口，或作为一种非关税壁垒影响贸易，直接损害贸易伙伴的利益。在各国的研发支持政策实践中，研发支持政策往往不是为了扩大进出口，而是作为一种宽泛的产业政策存在。并且，一部分研发支持政策的目的是支持公共事业或关乎国计民生的领域，更多是作为一种不计成本的国家政策，通过技术改进来改善生存环境、优化产业机构、提高国家的科技实力，既达到执政目标、赢得声望、增强信誉和信心，又为在国际上谋求政治、经济、军事领域的地位与话语权做铺垫。因此，适当地实施研发支持政策有助于国家贸易福利的提高，也有利于政治目标的实现，具有积极作用。

另一方面，研发支持政策并不是某个成员独有的，而是普遍存在于 WTO 主要成员的国内支持政策中。通过上文分析可知，WTO 主要成员都比较重视对研发活动的支持，各国都采取了大量的补贴措施对科学研究和技术创新领域进行财政资助。这种普遍性与国家的经济发展水平和政治性质没有关系。美国和欧盟是最大的发达经济体，英国、法国、德国、西班牙都是资本主义国家，而中国是最大的发展中经济体，这些成员都对研发活动非常重视，不断扩大研发投入比例，对各个领域实施研发支持政策。研发支持政策的普遍性决定了其在产业政策中的重要地位，多边贸易体制应加强对这一国内资助政策的约束，既要矫正市场失灵，又要防止过度使用造成的不利影响，甚至严重损害其他成员的利益，导致不公平贸易。

（二）研发支持政策实践面临着 WTO 规则改革

尽管研发支持政策兼具法律上的合规性和经济上的合理性，但如果不能有效约束这种措施，会导致这种战略性贸易政策的滥用。然而，《SCM 协定》直接与研发支持政策相关的规则已经到期失效，所有的研发支持政策已经被归入可诉补贴的范畴。但在实践中，研发支持政策的普遍性和争议性都对 WTO 规则提出了更高的要求。WTO 主要成员重视研发活动，也普遍制定了研发支持政策，而在双边研发支持政策和争端解决的法律实践中，研发支持政策与 WTO 规则的一致性问题凸显。现行规则中缺少与研发支持政策相关的规制和引导，研发支持政策规则亟待改革。事实上，无论是法律的合规性问题，还是经济的合理性问题，WTO 主要成员的研发支持政策实践都对国际规则框架提出了要求。

　　多哈发展回合已经成为僵局，虽然许多成员对多边贸易体制的走向持有悲观或观望态度，但 WTO 对贸易自由化的影响依旧深远。主要成员正在呼吁 WTO 补贴规则改革。尽管自特朗普执政以来，美国采取了大量的单边主义和贸易保护主义行动，但其仍对 WTO 补贴规则的改革提出了主张。主要发达成员也多次发表声明并提交建议，从中可以研判其对研发补贴国际规则的态度。自 2017 年以来，美国、欧盟和日本已发布了 7 份与经贸规则相关的联合声明。特别地，2020 年 1 月 14 日发布的美国、欧盟和日本联合声明针对 WTO 补贴规则提出了建议，其核心是加强对产业补贴的约束。美国、欧盟和日本认为应当通过激励机制来提高通报的透明度。加拿大也同其他 12 个成员发表了联合声明，提出 WTO 改革应考虑透明度、争端解决机制及 21 世纪新议题三大方面。

　　发达成员和发展中成员对研发补贴规则的分歧依然存在。一方面，就像在乌拉圭回合谈判中的态度一样，美国仍一如既往地坚持补贴纪律的加强，也希望通过多边贸易规则的改革来约束国内产业政策的滥用。在高技术产业领域，美国也多次使用具有保护主义色彩的单边贸易政策，如 337 调查、301 调查、出口管制措施、实体清单，以及利用国内《国际紧急经济权力法》采取措施，甚至采取了非经济手段对国外先进技术研发和制造企业进行"制裁"，这些对其他成员在高技术领域的投资、生产以及贸易产生了巨大的影响。可见，美国对本国的技术研发持保护态度，对国外相关产业补贴政策的容忍度和接受度不高。基于此，在未来的 WTO 改革谈判中，美国极有可能提出取消不可诉研发补贴规则的主张。另一方面，作为最大的发展中成员，中国已成为多边贸易体制的重要参与者，话语权不断增强，也为发展中成员的利益发声。中国于 2019 年 5 月 13 日向 WTO 提交了改革建议。中国建议应继续完善《SCM 协定》，改善多边贸易救济规则存在的缺失和模糊之处。中国明确建议 WTO 应恢复不可诉补贴的地位，并倡议将更多类型的补贴政策纳入不可诉补贴示例清单中。[1] 在多边贸易体制下，成员之间的政治、经济、贸易、技术、法律差异巨大，在"如何约束和规制研发支持政策"这一问题上仍存在矛盾和分歧。这既对 WTO 规则改革谈判提出了要求，又给各国新一轮研发支持政策的制定和实施带来了挑战。

二　WTO 框架下研发支持政策实践的建议

（一）积极维护研发支持政策的国际规则框架

1. 重新将研发补贴纳入不可诉补贴清单

本研究认为，尽管成员之间的分歧和矛盾一直存在，WTO 仍可以将研发支持政策的一部分划为不可诉补贴。这并不是对补贴纪律的放松，而是一定程度上的约束。在现有的补贴与反补贴规则框架内，要想判断一项研发支持政策是否违反规则，要通过"是否构成补贴""是否具有专项性""是否产生不利影响"三个关键问题来判定。一旦某项政策受到质疑，将会遭

---

① "General Council-China's proposal on WTO reform-Communication from China," WT/GC/W/773. 13 May 2019.

受其他成员的反补贴措施的对抗或争端解决机制下的抗辩。因此，国家出现了主观上的规避。一是将原本具有专项性的补贴经过改变措辞或重新定义，将其"包装"成一条没有任何专项性的补贴。二是在政策制定过程中尽量扩大补贴对象企业的数量、行业范围和地区广度，以此来模糊补贴的专向性。三是会通过隐蔽的资助手段和资助方式来掩盖真实的国家拨款，使判定一项研发支持政策是否存在法律要件变得复杂和困难。基于此，中国提出了重新恢复 WTO 研发补贴规则的建议，允许一部分具有专向性的研发支持政策能够直接被豁免。同时，可以考虑逐渐建立研发支持政策的负面清单制度，明确完全不能被WTO 成员接受的研发支持政策的类别，这样既可以有效地约束各国实施研发支持政策，又能解决政府主观上的规避问题，也是对补贴纪律的加强。

2. 新的研发补贴规则需要平衡不同成员间的利益

从补贴通报提供的资料可知，WTO 主要成员普遍实施研发支持政策。但是，这种普遍性是否也存在于较低水平的发展中经济体和最不发达经济体中呢？如前文所述，经济发展水平较低的经济体会因国家财政收入不足导致研发经费有限，实施研发支持政策的水平势必无法与较为发达的经济体相比。因此，尽管《SCM 协定》豁免了各国的研发支持政策，但发展中国家仍不能有效利用这一条款。

世界银行发布的研发支出占 GDP 比值的数据显示，不包括高收入国家的欧洲及中亚地区（Europe & Central Asia, excluding high income）仅达到 0.89%，是已经披露数据的地区的最小值。相比之下，2001 年，中国就已经达到 0.94%，而欧盟当年达到 1.78%、美国达到 2.64%。中国作为世界公认的经济飞速发展的国家，尚且用了 10 年的时间才将这一比例追至欧盟水平，至今仍未达到美国的投入强度。研发创新活动的确能带来技术的进步和经济的增长，但是科学研究同时又是高风险、低效率的领域，只有具备一定抗风险能力的经济体才能通过政府补贴来矫正这一市场失灵。对于收入水平较低的发展中经济体和最不发达经济体来说，发展才是最大的问题，首先要解决的是那些与贫困、粮食、疾病等相关的最基本的民生问题。因此，即便是在多哈回合或新的回合重启与研发相关的谈判，也应重视这些成员的基本利益。必要时，应当考虑给予差别待遇。这种差别待遇应当与一国的经济发展水平相匹配，甚至可以考虑以经济发展水平来判定不可诉研发补贴的投入阶段和支持水平。对于具有较高收入水平的国家来说，应严格控制研发支持政策的投入阶段，确保其只停留在基础研究和竞争前开发活动的部分阶段。随着收入水平的降低，这一投入比例应适当扩大，甚至可以让允许出口补贴的成员实施全产业的研发支持政策措施。这既可以让经济较为发达的国家继续实施研发支持政策且免于被诉，也可以有效地促进经济发展水平较低的国家对研发创新活动的重视，还能平衡不同成员间的利益。这种规则的设置是把谈判的不平衡在一条规则内部解决，而非通过不同条款的利益置换来实现，在一定程度上有助于协商一致。

3. 各成员应推动建立有效的研发支持政策通报制度

美国、欧盟和中国是目前 WTO 最主要的成员，加上英、法、德、西四个经济体又是欧盟主要的四个成员，其补贴通报已经具有较强的代表性和先进性，但其补贴通报尚且有诸多不足，与《SCM协定》的规定存在差距，在 WTO 中参与程度较低的其他成员的情况则更不必说了。因此，WTO 应严格补贴通报的纪律，用以提高研发支持政策的透明度。一是要建立起示范体系，让发达成员的补贴通报起到示范作用；二是要规范公文格式，最好能形成通报文件的标准格式，并编制"补贴通报撰写手册"等具有程序指导性、样本示范性的文件；三是要形成定期审查制度，对已经提交的补贴通报文件进行每三年或五年的审议工作；四是要建立义务履行的"赏罚"制度，在定期审查的基础上，对符合要求的成员采取激励政策，对透明度较差的成员采取惩罚措施，以提高成员通报的积极性和有效性。此外，也应注意由此问题产生的特殊与差别待遇问题。

（二）制定和实施合规合理的研发支持政策

1. WTO 成员应避免采取禁止性的研发支持政策

各成员实施的研发支持政策应与 WTO 规则一致。从主要成员的实践来看，出口补贴和进口替代补贴并不存在，但无法保证所有成员都不存在这两类禁止性的研发支持政策。尽管WTO 有贸易政策审议、补贴通报及相关问答等政策合规性审查机制，但一些研发支持政策具有隐蔽性、间接性的特征。在不可诉补贴规则谈判阶段，一些成员意识到，通过对政策目的、补贴对象、资助手段的重新描述，禁止性补贴有可能被"伪装"成一项合法补贴。在这个意义上，各成员在制定研发支持政策时，就应当从主观上排除出口补贴和进口替代补贴，注意研发支持政策可能出现的专向性问题，也避免对政策进行

"过度包装"，主动维护多边贸易规则。

2. 各国应注重基础研究并加大研发前期的扶持力度

尽管不可诉补贴规则已到期失效，但原有规则对研发支持政策的制定仍具有指导意义。根据《SCM 协定》的不可诉补贴条款，当政府的研发支持政策仅涵盖 "100% 的基础研究、75% 的产业研究和 50% 的竞争前开发活动" 时，该项政策会被认定是合规的。事实上，从可诉补贴规则的角度来看，对基础研究的补贴并不会带来专向性的问题，也就不会成为贸易纠纷的争议焦点。因此，各国政府应将原有直接资助产业和企业创新研发的支持政策前移至前期基础研究领域，并采取公平公开的选拔机制，将研发支持政策的资金授予广泛的竞争主体。

3. 研发支持政策的制定应兼具合规性和有效性

研发支持政策对出口的影响有限，并不能大幅度提高相关产品出口额，因而在多边贸易体制内采取适当的研发支持政策是被允许的。鉴于研发支持政策的长期影响作用，各国政府应注重政策的持续性，避免在短时间内频繁更替，而应在实施过程中不断调整政策的适应性。在 WTO 框架下，虽然各国实施的研发支持政策具有一定的贸易效应，但不同类型的研发支持政策对贸易的影响不尽相同。正因为直接性的研发支持政策并不能显著地扩大出口，各国政府可以采取财政拨款作为研发支持的主要手段，从而在一定程度上避免一项研发支持政策被认定为具有 "不利影响"。

（三）中国的应对策略

第一，在维护多边贸易体制的前提下，积极参与新一轮研发补贴规则的谈判和制定，提出有效合理的建议和主张。当前，多边贸易体制正在被人为地破坏，主要表现在以下几个方面。其一，近年来，多边谈判停滞不前、逆贸易自由化暗潮涌动，成员间贸易摩擦增多。就目前来看，反补贴措施的作用正在被人为地扩大，甚至针对研发支持政策采取单边行动，破坏多边贸易体制。其二，美国对上诉机构大法官遴选的干预扰乱了 WTO 争端解决机制的正常秩序。争端解决机制被誉为"皇冠上的明珠"，是乌拉圭回合的重大谈判成果，是人类集体智慧的结晶，在多边贸易体制中发挥着重要作用。上诉机构在争端解决中的作用不容忽视，众多规则的法律释义与纠正都源自上诉机构。鉴于 WTO 规则具有"准判例法"的性质，专家组和上诉机构报告是对贸易规则的有效补充，也是各国制定政策的有效参考。其对研发支持政策的裁决和判定对各国制定和实施政策都有重要的参考意义。然而，由于个别成员对大法官遴选的干扰，7 名大法官任期逐渐到期，直至上诉机构停摆，这无疑是对多边贸易体制的一个重大冲击。在 WTO 框架下，各国都应当遵守公平贸易的原则，也应当尊重上诉机构的正常运作机制。世界经济和国际环境正在经历深度的变革和巨大的变化，已制定多年的 WTO 规则也需要通过调整来重新适应新形势。近年来，新的部长级谈判时刻关注补贴改革议题。中国已经提交有关 WTO 改革建议，提出要恢复研发补贴为不可诉补贴并且扩大其范围，补贴通报也应不断加强透明度的问题，同时也应关注发展中经济体的公平待遇问题。中国是多边贸易体制的积极参与者、坚定维护者和重要贡献者①，又是主要的发展中成员，应当积极维护多边贸易体制，积极参与研发补贴规则的改革，还要积极为发展中成员的合法利益发声。

第二，完善研发支持政策体系的合规性审查制度，注重研发支持政策制定的策略和技巧。加入 WTO 之后，中国对国内法律、政策进行了大规模的调整，这一过程尚未结束。其中有的地方政策在制定过程中未能考虑到与 WTO 规则的衔接并严格审查制度。例如，地方政府出台的个别政策难免存在与 WTO 规则相悖之处。研发支持政策一旦被裁定违反 WTO 规则，就会对国内立法、政府政策产生很大的消极影响。

中国的研发支持政策体系主要分为研发规划、研发计划及研发税收政策三类。研发规划是研发政策体系中的顶层设计，起着引导性的作用，不涉及具体的补贴措施，因而不会构成补贴，但容易成为不利证据。研发计划和研发税收政策都是具体的补贴政策，符合《SCM》协定对补贴的规定。这两类政策容易涉及专向性的问题，特别是研发税收政策，已经受到其他成员的关注。因此对政策的合规性审查显得尤为重要。中国在入世之后已经进行了贸易政策的合规性审查，对与 WTO 规则不一致的政策进行了修改和完善，但仍然不够全面。党的十八届三中全会明确指出，中国应当利用多边贸易规则来"促进市场深度融合、资源高效配置、国际国内要素有序自由流动"，各级政府要按照 WTO 规则来规范自身行为，特别要开展合规性

---

① "General Council-China's proposal on WTO reform-Communication from China," WT/GC/W/773. 13 May 2019.

审查。2014 年，国务院办公厅印发了《关于进一步加强贸易政策合规工作的通知》，指导各级政府继续对贸易政策进行自查、修改和完善，使其符合多边贸易体制。商务部也出台了实施计划，并开展了"贸易政策合规培训班"等活动。然而，从中国研发支持政策的实施现状来看，中国的合规性审查力度有待加大。中国应当继续就现有的研发支持政策规定及国家立法进行全面审查，必要时应建立合规审查机构；在新规定、新法律出台之前，也必须通过 WTO 合规审查机制的审查，避免出现违反规则的情况。这样，中国才能使自己的研发支持政策处于免于被诉而非潜在被诉的境地。

此外，中国研发支持政策实践与发达经济体具有一定的差距，在新一轮政策调整时应借鉴国外先进经验，制定符合多边贸易规则和国内现状的有效政策。一是要注意研发支持政策名称、目标、对象和手段的措辞和描述，坚决避免因用词不当造成不合规现象的出现。二是要制定形式多样的研发支持政策，设立新的补贴主体，采取多种融资方式，兼顾市场主体和研究机构，采取公平的竞争性机制选拔补贴对象，避免采取禁止性补贴，减少补贴政策潜在被诉和成为不利证据的可能性。三是要从贸易效应的角度选择合适的补贴方式并进行持续性的财政支持。四是要提升研发支持政策通报的透明度，尽快完善每项政策的具体内容，公开资金支持的流向、金额和贸易影响等数据，并且积极回应其他成员针对通报情况的提问，建立良好的通报机制。

第三，正确对待研发支持政策相关的贸易争端，做好应诉准备。无论是在多边层面还是双边层面，贸易摩擦时常产生。

例如，美欧在飞机制造领域的争端一直存在，美国也在双边反补贴中列出了中国的研发支持政策的实施情况。当前国际技术领域的摩擦不断，单边贸易政策频繁出现，一些国家采用多项贸易政策针对中国高新技术产业政策，给中国企业的技术研发、产业革新带来巨大的风险和挑战。未来，中国的研发支持政策极有可能成为贸易摩擦中的争议焦点。在 WTO "打官司"是十分烦琐和复杂的。欧洲空客案中，从 2004 年美国提出磋商请求，到 2011 年上诉机构报告发布，专家组提交了长达 1050 页的报告，包括脚注 6083 个，上诉机构针对专家组的证据、解释和结论一一进行审理并做出裁决；欧盟提交了近千份证据材料，美国也提交了 689 份证据，双方进行了 3 轮共计 292 个问题的问答。事实上，每个国家的研发支持政策都有潜在被反对或被诉的可能，甚至会在 WTO 引起争端。加入 WTO 以来，尽管中国的研发支持政策尚未被诉，但中国已经参与了 44 个被诉案件，具备了在多边层面应对争端的能力。因此，当出现与研发支持政策相关的案例时，中国应正确看待与研发支持政策相关的争端，同时也要在争端产生之前做足准备工作，谨防因措手不及而失去主动权。

一方面，中国应提前建立好"研发支持政策数据库"。该数据库应当包括本国的和其他成员的研发支持政策，既要摸清每项政策的制定、实施及影响信息，又要提前做好合规性分析。通过数据库，中国既能了解自身采取的哪些研发支持政策存在潜在被诉的可能，在修改和完善这些政策的基础上做好申辩准备，又可以通过对其他成员的研发支持政策的梳理，了解外国政策的优点与不足，为本国政策的制定与实施提供借鉴，还能把握那些不合规的研发支持政策，做好政策储备，以备不时之需。另一方面，中国也应重点建设"研发支持政策争议点储备库"。研发支持政策领域的争议焦点较多、抗辩和裁决过程非常复杂。尽管中国的研发支持政策并不是当前双边反补贴和争端解决的焦点，但已经逐渐成为其他成员的关注点。因此，中国需要提前建立好案例储备库和应对政策储备库。一旦在双边反补贴调查或 WTO 争端解决中被针对，中国可以有的放矢地去抗辩，还可以战略性地提起其他申诉，掌握主动权。

参考文献

Anwarul, H. , Rajeev, A. , "Agreement on Subsidies and Countervailing Measures: Need for Clarification and Improvement," *Journal of World Trade* 2005, 39 (6): 1062.

Baldwin, R. E. , Krugman, P. R. , "Market Access and International Competition: A Simulation Study of 16K Random Access Memories," NBER Working Paper, 1986, 1936.

Blackhurst, R. , Hartridge, D. , "Improving the Capacity of WTO Institutions to Fulfill Their Mandate," *Journal of International Economic Law*, 2004, 7 (3): 705 – 716.

Brander, J. A. , Spencer, B. J. , "Export Subsidies and International Market Share Rivalry," *Journal of International Economics*, 1985, 18: 83 – 100.

Brander, J. A. , Spencer, B. J. , "Strategic Commitment with R&D: The Symmetric Case," *Bell Journal of Economics*, 1983, 14 (1): 225 – 235.

Brander, J. A. , "Strategic Trade Policy," in Grossman, G. , and Rogoff, K. , eds. , *Handbook of International Economics Vol* Ⅲ (Amsterdam: North Holland Press, 1995).

Chang, S. W. , "WTO Disciplines on Fisheries Subsidies: A Historic Step towards Sustainability?" *Journal of International Economic Law*, 2003, 6 (4): 879 – 921.

Christina, M. , Benitah, M. , "The Law of Subsidies under the GATT/WTO System," *Nordic Journal of International Law*, 2003, 72 (2): 305 – 307.

Daninique, G. , "R&D and Productivity Grcnvth: Panel Data Analysis of 16 OECD Countries," *OECD Working Papers*, 2001.

Davey, W. J. , "The WTO Dispute Settlement System: The First Ten Years," *Social Science Electronic Publishing*, 2005, 8 (1): 17 – 50.

Dixit, A. , "International Trade Policy for Oligopolistic Industries," *Economic Journal*, 1984, 94 (376a): 1 – 16.

Freinkman, L. , Gyulumyan, G. , Kyurumyan, A. , "Quasi-Fiscal Activities, Hidden Government Subsidies, and Fiscal Adjustment in Armenia," Armenian International Policy Research Group Working Paper, 2003, 3/6.

Gallagher, K. P. , "Understanding Developing Country Resistance to the Doha Round," *Review of International Political Economy*, 2008, 15 (1): 62 – 85.

Goel, R. K. , Haruna, S. , "Cost-Reducing R&D with Spillovers and Trade," *Journal of Institutional & Theoretical Economics*, 2011, 167 (2): 314 – 326.

Griliches, Z. , "Productivity, R&D and Basic Research at Firm Level in the 1970s," *American Economic Review*, 1986, 76 (1): 141 – 154.

Haaland, J. I. , Kind, H. J. , "R&D Policies, Trade and Process Innovation," *Journal of International Economics*, 2008, 74 (1): 170 – 187.

Hall, B. H. , Mairesse, J. , "Exploring the Relationship between R&D and Productivity in French Manufacturing Firms," *Journal of Econometrics*, 1995, 65.

Hoekman, B. , "Subsidies, Spillovers and WTO Rules in a Value Chain World," *Global Policy*, 2016, 7 (3): 351 – 359.

Horlick, G. , Clarke, P. A. , "Rethinking Subsidy Disciplines for the Future: Policy Options for Reform," *Journal of International Economic Law*, 2017, 20: 673 – 703.

Ishii, Y. , "International Cournol Duopoly and R&D Subsidies under Demand Uncertainly," *Journal of Economics*, 2000, 772 (2): 203 – 222.

Jackson, J. H. , "The Case of the World Trade Organization," *International Affairs*, 2008, 84 (3): 437 – 454.

Jackson, J. H. , *The World Trading System: Law and Policy of International Economic Relations* (MIT Press, 1997).

Kim, H. J. , "Reflections on the Green Light Subsidy for Environmental Purposes," *Journal of World Trade*, 1999, 33 (3): 167 – 175.

Lay, W. , "Redefining Actionable 'Subsidies' under U. S. Countervailing Duty Law," *Columbia Law Review*, 1991, 91 (6): 1495.

Mah, J. S. , "R&D Promotion Policies of Developing Countries and Fairness in International Trade Relations," *Journal of Economic Issues*, 2015, 49 (1): 179 – 196.

Mairesse, J. , Sassenou, M. , "R&D and Productivity: A Survey of Econometric Studies at the Firm Level," NBER Working Paper, 1991, 3666.

Mark, W. , "Re-Examining 'Green Light' Subsidies in the Wake of New Green Industrial Policies," *International Centre for Trade and Sustainable Development & World Economic Forum*. http://e15initiative. org/wp-content/uploads/2015/09/E15-Industrial-Policy-Wu-Final. pdf, 2015.

Narlikar, A. , "New Powers in the Club: the Challenges of Global Trade Governance," *International Affairs*, 2010, 86 (3): 717 – 728.

OECD, "Competition Policy in Subsidies and State Aid," *OECD Journal: Competition Law and Policy*, 2004, 6: 128.

Qin, J. Y. , "WTO Regulation of Subsidies to State-Owned Enterprises (SOEs): A Critical Appraisal of the China Accession Protocol," *Journal of International Economic Law*, 2006, 7 (4): 863 – 919.

Richard, D. , "Economic Foundations of Coutervailing Duty Law," *Virgina Journal of International Law*, 1989, 29: 786 – 789.

Romer, P. M. , "Increasing Returns and Long-Run Growth," *Journal of Political Economy*, 1986, 94（5）: 1002 – 1037.

Rudiger, W., Peter-Tobias, S., Michael, K., *WTO-Trade Remedies*（Boston: Martinus Nijhoff Publishers, 2008）.

Schott, J., "The Uruguay Round: An Assessment," *International Affairs*, 1995, 71（3）.

Stewart, T. P., ed., *The GATT Uraguay Round: A Negotiating History*（1986 – 1994）（New York City: Kluwer Law and Taxation Publishers, 1993）: 232 – 233.

Sveikauskas, C. D., Sveikauskas, L., "Industry Characteristics and Productivity Growth," *Southern Economic Journal*, 1982, 48（3）: 769 – 774.

Sykes, A. O., "The Economics of WTO Rules on Subsidies and Countervailing Measures," University of Chicago Law School John M. Olin Program in Law and Economics Working Paper, 2003, 186: 9 – 10.

United Nations Development Programme, *Human Development Report* 2001: *Making New Technologies Work for Human Development*（Oxford Univ. Press, 2001）.

Winham, G. R., *International Trade and the Tokyo Round Negotiations, Princeton*（NJ: Princeton University Press, 1986）.

WTO, "World Trade Report 2006: Exploring the Links between Subsidies," *Trade and the WTO*. https://www. wto. org/english/res_e/publications_e/wtr06_e. htm/2020 – 2 – 1.

安同良、周绍东、皮建才:《R&D 补贴对中国企业自主创新的激励效应》,《经济研究》2009 年第 10 期。

曹小旭：《战略贸易政策在中国实施的经济效果分析》，贵州财经大学硕士学位论文，2013。

创新型国家支持科技创新的财政政策课题组、丁学东：《创新型国家支持科技创新的财政政策》，《经济研究参考》2007 年第 22 期。

丁明磊、陈宝明：《美国联邦财政支持新型研发机构的创新举措及启示》，《科学管理研究》2015 年第 2 期。

付亦重：《服务补贴的理论渊源及经济效应》，《国际经贸探索》2010 年第 7 期。

付亦重：《服务补贴制度与绩效评估——基于美国服务补贴制度的研究及中国的借鉴》，对外经济贸易大学博士学位论文，2009。

傅星国：《WTO 非正式决策机制"绿屋会议"研究》，《世界贸易组织动态与研究》2010 年第 2 期。

甘瑛：《WTO 补贴与反补贴法律与实践研究》，法律出版社，2009。

高萍：《〈补贴与反补贴措施协定〉的缺陷及其克服》，湖南师范大学硕士学位论文，2007。

龚柏华、陈云晓：《美国对源自中国的铜版纸适用反补贴税案评析》，《国际商务研究》2007 年第 3 期。

龚柏华：《WTO 二十周年：争端解决与中国》，上海人民出版社，2016。

龚柏华：《国有企业是否当然为〈补贴与反补贴协定〉第 1.1 条意义上"公共机构"辨析——兼评美国对来自中国某些产品最终反倾销和反补贴税措施 WTO 争端案》，《国际商务研究》2010 年第 6 期。

韩立余：《WTO 案例及评析：1995—1999》，中国人民大学出版社，2001。

何海燕、任杰、乔小勇：《贸易安全政策与实践研究——补贴与反补贴新论》，首都经济贸易大学出版社，2011。

洪艳蓉：《可持续发展与国家利益的较量——不可诉补贴介评》，《广西大学学报》（哲学社会科学版）1999 年第 3 期。

黄宁、陈宝明：《中国科技创新政策与国际经贸规则协调研究》，经济管理出版社，2020。

黄先海、谢璐：《中国汽车产业战略性贸易政策效果的实证研究——R&D 补贴政策与出口补贴政策之比较》，《世界经济研究》2005 年第 12 期。

蒋红梅：《论 WTO 决策机制与改革》，《中国软科学》2004 年第 8 期。

金靖寅：《新兴国家如何应对美欧大飞机补贴新规则——美国诉欧盟大飞机 WTO 案件评析》，《北京航空航天大学学报》（社会科学版）2012 年第 5 期。

康志勇、汤学良、刘馨：《"鱼与熊掌能兼得"吗？——市场竞争、政府补贴与企业研发行为》，《世界经济文汇》2018 年第 4 期。

李本：《WTO 框架下补贴与反补贴协定研究》，华东政法大学博士学位论文，2004。

李成钢主编《世贸组织规则博弈》，商务印书馆，2011。

李杰、王兴棠、李捷瑜：《研发补贴政策、中间品贸易自由化与企业研发投入》，《世界经济》2018 年第 8 期。

李寿平:《试论 WTO 框架下国家对民用飞机产业的研发补贴法律问题》,《时代法学》2012 年第 2 期。

李思奇、刘斌、武赟杰:《WTO 争端解决机制是否真的能够促进出口?——基于 WTO 争端裁决案件的实证研究》,《财经研究》2009 年第 6 期。

李晓雪:《中国科技创新政策与 WTO 规则一致性研究》,对外经济贸易大学博士学位论文,2013。

廖龙柳:《WTO 框架下大飞机项目补贴法律问题研究》,华东政法大学硕士学位论文,2013。

廖秋子:《TBT 协定"国际标准"的法律解释及其改进路径》,《法律适用》2017 年第 13 期。

林惠玲、卢蓉蓉:《WTO 新一轮谈判中美国在补贴与反补贴规则修改上的立场和建议》,《国际商务研究》2010 年第 2 期。

林木西、张紫薇、和军:《研发支持政策、制度环境与企业研发投入》,《上海经济研究》2018 年第 9 期。

刘敬东:《浅析 WTO 未来之路——WTO 改革动向及思考》,《法学杂志》2013 年第 4 期。

骆娅:《WTO 体制下民用航空器补贴法律问题研究》,广东商学院硕士学位论文,2012。

马嘉楠、翟海燕、董静:《财政科技补贴及其类别对企业研发投入影响的实证研究》,《财政研究》2018 年第 2 期。

毛德凤、李静、彭飞、骆正清:《研发投入与企业全要素生产率——基于 PSM 和 GPS 的检验》,《财政研究》2013 年第 4 期。

毛杰：《WTO 货物贸易多边补贴规则的法律问题研究》，浙江大学出版社，2016。

〔美〕斯蒂文·G. 米德玛编《科斯经济学：法与经济学和新制度经济学》，罗君丽等译，上海三联书店等，2018。

〔美〕埃里克·弗鲁博顿、〔德〕鲁道夫·芮切特：《新制度经济学：一个交易费用分析范式》，姜建强、罗长远译，上海人民出版社，2006。

〔美〕约翰·H. 巴顿等：《贸易体制的演进：GATT 与 WTO 体制中的政治学、法学和经济学》，廖诗评译，北京大学出版社，2013。

〔美〕戴维·罗默：《高级宏观经济学》（第四版），吴化斌、龚关译，上海财经大学出版社，2014。

〔美〕道格拉斯·诺斯、罗伯特·托马斯：《西方世界的兴起》，厉以平、蔡磊译，华夏出版社，2017。

〔美〕保罗·克鲁格曼主编《战略性贸易政策与新国际经济学》，海闻等译，中国人民大学出版社，2000。

〔美〕理查德·波斯纳：《法律的经济分析》（第七版），蒋兆康译，法律出版社，2012。

〔美〕迈克尔·波特：《国家竞争优势》（第2版），李明轩、邱如美译，中信出版社，2012。

欧福永、黄文旭：《加拿大反补贴立法与实践研究》，中国检察出版社，2009。

欧福永：《美国反补贴立法与实践研究》，湖南人民出版社，2012。

欧福永：《欧盟反补贴立法与实践研究》，中国商务出版社，2013。

彭学兵：《美国政府的科技补贴政策及对我国的政策启示》，

《科技进步与对策》2004 年第 1 期。

彭学兵：《日本科技补贴政策及对我国的启示》，《科技与管理》2003 年第 6 期。

邱通：《财政 R&D 补贴和企业创新：基于中国制造业的实证研究》，中国财政科学研究院硕士学位论文，2018。

沈大勇、龚柏华：《中美清洁能源产业争端的解决路径——中美风能设备补贴争端案的思考》，《世界经济研究》2011年第 7 期。

沈大勇、刘佳：《不可诉补贴的国际经济学分析》，《世界经济研究》2008 年第 3 期。

石广生主编《中国加入世界贸易组织知识读本（二）：乌拉圭回合多边贸易谈判结果法律文本》，人民日报出版社，2011。

史丁莎：《我国加入 GPA 谈判背景下的政府补贴问题研究》，《中国政府采购》2014 年第 8 期。

苏竣：《公共科技政策导论》，科学出版社，2014。

苏欣：《论非违法之诉》，吉林大学硕士学位论文，2005。

陶磊：《多哈回合中美国 ASCM 修改建议研究》，安徽财经大学硕士学位论文，2011。

田玉红：《WTO 框架下中国贸易政策与产业政策的协调》，人民出版社，2009。

王俊：《R&D 补贴对企业 R&D 投入及创新产出影响的实证研究》，《科学学研究》2010 年第 9 期。

王庆湘：《WTO 实践中补贴认定的要素分析》，《时代法学》2010 年第 3 期。

王毅：《可诉与不可诉补贴之间——我国集成电路产品增值税

的国民待遇问题》,《国际贸易》2003 年第 9 期。

谢申祥、石慧敏、张铭心:《谈判势力与战略性贸易政策》,《世界经济》2016 年第 7 期。

徐昕:《中美示范基地补贴争端达成谅解事件的启示:我国贸易政策制定应加强合规性审查》,《WTO 经济导刊》2016 年第 5 期。

杨国华:《WTO 中国案例评析》,知识产权出版社,2015。

杨荣珍:《国外对华国反补贴案例研究》,对外经济贸易大学出版社,2015。

杨荣珍:《中国参与 WTO 争端解决十年述评》,《国际贸易》2011 年第 12 期。

易在成:《WTO 补贴制度欧洲化方案评析》,《中山大学学报》(社会科学版)2019 年第 3 期。

余淼杰、智琨:《进口自由化与企业利润率》,《经济研究》2016 年第 8 期。

张杰、陈志远、杨连星、新夫:《中国创新补贴政策的绩效评估:理论与证据》,《经济研究》2015 年第 10 期。

张乃根:《WTO 法与中国涉案争端解决》,上海人民出版社,2013。

张琴:《战略性 R&D 补贴对我国高技术产业出口贸易利益的影响研究》,湖南大学硕士学位论文,2014。

张琼芳:《WTO 框架下欧盟、美国补贴与反补贴规则之比较》,湖南师范大学硕士毕业论文,2010。

朱斌锋:《战略 R&D 补贴政策效应数量模型研究》,大连理工大学博士学位论文,2006。

朱榄叶编著《世界贸易组织国际贸易纠纷案例评析》,法律出版社，2013。

朱榄叶：《政府与企业共同面对——中国面临的补贴与反补贴问题研究》，《国际贸易》2005 年第 4 期。

朱庆华：《SCM 协议不可诉补贴条款简析》，《世界贸易组织动态与研究》2007 年第 2 期。

后　记

　　本研究是笔者在博士学位论文基础上修改而成的，感谢母校对外经贸大学中国世界贸易组织研究院的培养，特别感谢院长屠新泉老师、博导杨荣珍老师的指导，感谢李思奇、李杨、周念利、刘斌、杜映昕、李小帆等老师，感谢刘青、李春顶、张建平、黄宁、李嘉珊、王海文、孙俊新等多位专家为本研究成稿提供的建设性思路。感谢我的工作单位北京第二外国语学院以及社会科学文献出版社，每位领导、同事、朋友都对本研究的出版提供了大量的建议与帮助。感谢当年课题组的同窗们。

　　整体上看，本研究虽有翔实的法律分析和经济分析，也得出了重要结论，但在以下方面仍存在遗憾之处。

　　首先，本研究未能完全梳理全部成员的研发支持政策。考虑到政策实施与争端解决案例的对应问题，本研究仅对有限数量的成员的研发支持政策进行了归纳和分析，缺少对其他成员情况的把控，如日本、加拿大、瑞士等支持研发补贴相关规则的发达成员和其他发展中成员的政策实施情况，也没有比较其他发展中成员与发达成员研发支持政策的差异性。纵观发展中成员，大部分成员的通报文件很不全面，因而只选择了中国的政策实践作为研究对象。此外，通报中的研发支持政策十分有限，其他国家还实施了许多没有列入通报的研发支持政策，但由于政策搜集和梳理的复杂性问题，本研究未能对没有通报的政策进行归纳和整理。

其次，实证分析方面的遗憾主要在于：第一，受限于研究主题和数据的可获得性，实证分析只能在 WTO 框架下进行，利用有限的政策数据对研发支持政策的贸易效应进行实证研究；第二，缺乏对研发支持政策进口替代效应，以及相关国家贸易地位变化的对比分析，这也可能是研发支持政策对贸易影响的重要方面；第三，研发支持政策不仅具有贸易效应，还会对创新能力、企业生产产生作用，本研究未能对此进行研究。

最后，WTO 争端解决案例的审理过程错综复杂，本研究只选取了两个与研发支持政策有关的案例，同时也仅对相对重要的专向性问题进行了重点分析。事实上，整个案件中包含了除研发支持政策之外的许多其他补贴政策。但限于研究主题，本研究未能将整体案件的审理情况和裁决加入其中。这两个案例也存在行业领域的局限性。正如诸边协定所提到的，大飞机制造有其特殊性，行业竞争度与集中度不同于其他领域，因而本研究只能从政策实施的角度来探讨，而不能针对不同的产业进行全局研究。

以上研究的不足之处也是本研究未来探索的方向。本研究领域可以进行的研究课题如下：一是继续探讨其他重要成员的研发支持政策的制定与实施，如积极提出 WTO 改革意见的加拿大和日本等，这将更有助于全面了解研发支持政策制度并提出进一步进行制度改革的建议；二是继续发掘与研发支持政策相关的数据，希望能够建立全面可靠的数据库用以实证分析，同时考虑研发支持政策对特定产业或产品的影响，也应将技术进步、劳动生产率、创新能力等因素考虑在内；三是对相关案例的深入研究，很多涉及研发支持政策的案例可能仍处于双边的范畴，并未进入 WTO 争端解决程序，因此对双边补贴与反补贴案例的梳理和研究是十分必要和重要的。我们将在今后的研究和学习中对这些问题继续进行探讨。

图书在版编目（CIP）数据

WTO 框架下研发支持政策研究 / 贾瑞哲著. -- 北京：
社会科学文献出版社，2023.3

（国际服务贸易与文化贸易研究学术文库）

ISBN 978 - 7 - 5228 - 1149 - 9

Ⅰ. ①W… Ⅱ. ①贾… Ⅲ. ①技术开发 - 经济政策 -
研究 Ⅳ. ①F019.6

中国版本图书馆 CIP 数据核字（2022）第 221177 号

国际服务贸易与文化贸易研究学术文库
WTO 框架下研发支持政策研究

著　　者／贾瑞哲

出 版 人／王利民
组稿编辑／恽　薇
责任编辑／贾立平
责任印制／王京美

出　　版／社会科学文献出版社·经济与管理分社（010）59367226
　　　　　　地址：北京市北三环中路甲 29 号院华龙大厦　邮编：100029
　　　　　　网址：www.ssap.com.cn
发　　行／社会科学文献出版社（010）59367028
印　　装／三河市尚艺印装有限公司

规　　格／开本：787mm × 1092mm　1/16
　　　　　　印张：16.25　字数：181 千字
版　　次／2023 年 3 月第 1 版　2023 年 3 月第 1 次印刷
书　　号／ISBN 978 - 7 - 5228 - 1149 - 9
定　　价／128.00 元

读者服务电话：4008918866